年を重ねてこそ、もっと楽しむ

# 大人服おしゃれセオリー

監修／石田純子

60代になりたての高野さん、青木さん、福島さん（左から）が、おしゃれ達人の大先輩・石川さん（右）に元気をもらった撮影。「まだまだ私たちひよっこ」の3人がこれからどんなふうにおしゃれに磨きをかけていくのか楽しみです。

それぞれの仕事や役割を担っている60代後半の長嶋さん、末光さん、又吉さん（右から）と60歳目前の万年さん（左）。自身のおしゃれに対するスタンスもはっきりしているので、目ざす方向もそれぞれ。光る個性と豊かなライフスタイルが、着こなしのアクセントです。

# 60代のこれからを「もっと楽しむ」ために、私たちおしゃれ宣言します！

本書にモデルさんとしてご登場いただいた皆さんの多くが60代です。これまでのキャリアも、今直面している日々の暮らしもまちまちですが、おしゃれで元気を発信しよう、と撮影にご協力くださいました。ありがとうございます！

本書では読者モデルさんを募集します。60歳以上の女性なら大歓迎です。応募方法に沿って書類をお送りください。ご応募お待ちしています。

＊撮影にご協力いただく場所は、都内近辺が多くなると思われます。その旨を、ご理解ご承諾のうえ、ご応募いただけますようお願い申し上げます。

＊採用人数に制限はありません。

**応募方法**

● ①氏名②年齢③身長④体重⑤服のサイズ⑥〒、住所⑦電話番号（あればFAX番号、メールアドレスも）⑧現在、ともにお住まいのご家族⑨トライしてみたい服のイメージ（イラストを描いていただいてもOK）⑩ファッションの悩み（あれば）⑪3カ月以内に撮影した全身と上半身のはっきりした写真各1枚、を添えてお送りください。締め切りはありません。（なお、ご応募いただきました書類、写真はご返却できませんので、あらかじめご了承ください）

● あて先 〒112-8675 東京都文京区関口1-44-10 主婦の友社 第2事業部・第1編集部「大人服おしゃれセオリー」係

60代半ばからおしゃれに目覚めたマチュア世代。田野倉さん（左）と本田さん（右）はブランドミックスの着こなしに。江指さん（中左）はシニアのカジュアルスタイル、前野さん（中右）はおしゃれRUNガールを目ざして、ただいまスタイリングの修業中です。

## 大人服おしゃれセオリー
### 目次

プロローグ p.6
おしゃれの「つまずき」は新しいステージへのヒント！

**つまずきました！**

- 1位 若々しくいたいけれど若づくりに見られたくない
- 2位 上品色を着るとなんだか老けて見える
- 3位 何を着ても同じ印象になってしまう
- 4位 スカートが似合わない、はけない…探せない
- 5位 アクセサリーをしたいけれど選べない

### Part 1 年を重ねて。おしゃれは生涯あなたの味方 p.15

- 16 肩がこるのでジャケットが着られない
- 22 首を出したくない！
- 28 髪染めを卒業したい！
- 34 ハイヒールで出かけたくない！
- 40 重たいバッグを持つとくたびれる
- 46 アクセサリーが扱いにくい

帽子／ニーシャクロスフンド（ムーンバット）
ネックレス／ブティロープノアー

## Part 2  p.53 体型の変化に合わせたおしゃれスイッチのヒント

- 54 背中が丸くなってきた
- 60 下腹がぽっこりしている
- 66 O脚が気になる
- 72 苦しいおしゃれはしたくない

帽子／ヘレンカミンスキー
(ヘレンカミンスキー六本木ヒルズ店)
ネックレス、ブレスレット／アクリリック
バッグ／タバサ (ビー・エックス)

## Part 3  p.79 加齢＆体型カバーにもなる大人服計画

- 80 ロングカーディガン
- 84 レザージャケット
- 88 シャツ
- 92 プルオーバー
- 96 ワンピース
- 100 イージーパンツ
- 104 ガウチョパンツ
- 108 デニム

＊本書で使用している衣装でクレジットの掲載がないものは、スタイリストの私物です。

＊本文中の表記にある「コーデ」もしくは「コーディネート」は、洋服やファッション小物の組み合わせ方を意味しています。

## Part 4 服はこう着る、こうあるべき。昭和ルックの思い込み

p.113

114 「服のボタンはすべて留める!?」
カーディガンで検証　シャツで検証　ジャケットで検証

116 「袖や裾はきちんと折る!?」
シャツブラウスで検証　ジャケットで検証　デニムで検証

118 「スカートやパンツはウエスト位置ではく!?」
スカートで検証　パンツで検証　デニムで検証

120 「ストール類は、首に巻いてから結ぶ!?」
サイドアクセントの場合　センターアクセントの場合

122 「ロングトップにはベルトをする!?」
ベルトなしで検証　細ベルトで検証　太ベルトで検証

124 「勝負服にはやっぱりシルク!?」

---

52 Column 1 「姿勢」
伸びた背筋が教えてくれる年齢とその人と

78 Column 2 「末端ケア」
小さな継続的なお手入れが大人のおしゃれの秘訣

112 Column 3 「老眼鏡」
優秀なおしゃれ小物として老眼鏡を活躍させて

126 あとがきにかえて
おしゃれは楽しいもの、ほめられるもの。
素直に感じて自信づくりのきっかけに

2 読者モデルさん募集

128 撮影協力店

## プロローグ　おしゃれの「つまずき」は新しいステージへのヒント！

### つまずきました！ 1位

## 若々しくいたいけれど若づくりに見られたくない

ちょっと前まで流行だったブーツイン。いつまでも過去の着こなしを引きずるとイタイ印象に。

若いころと同じようなフィットしたトップや露出の多いパンツを着ると、もろ若づくりに。

### おすすめのスタイル

立体裁断のフォルムがきれいなプルオーバーシャツとロールアップデニムでキメたシンプルシックなスタイル。スパイスのきいた大人モードの小物使いで。

いつまでも若々しくありたい！とは誰もが思うところです。さっそうとした若さのあるマチュア世代はとても輝いて見えますね。ところが一方で「若々しい」を、「若い人と同じスタイルをする」ことと思っている方が意外と多いのには驚きます。このカン違いこそ若づくりの原因です。そんな若づくりに陥りやすいのは、若いころと同じサイズの服が着られる、体型の変化に気づきにくいタイプ。同じサイズが着られることに災いして、年齢に応じて変化してきたシルエットや肉のつき方の変化にいつまでも気づかずにいるようです。洋服を着られることと、着こなすことは別。ボディーラインが出るピタピタの服や露出度の高い服、シャープな服を大人世代が着ているとイタイ印象になります。体重は変わらなくても、シルエットやフェイスラインは年齢相応のものに。

若々しさとは、そんなマチュア世代の体型をさりげなくカバーし、この世代らしい品格と豊かさを感じさせる着こなし方から生まれるものです。さらに若さの速効スパイスであるトレンド感を足して、若い人にはできない味のあるスタイルをつくりましょう。おしゃれの動向に常に自分自身をアップデートして、あなただけの若々しさを見つけてください。

白シャツ／IVAN GRUNDAHL（伊勢丹新宿店）　デニム／ミセスジーナゴールド（タカヤ商事）　靴／クラークス（クラークス ジャパン）
ネックレス／ヒロココシノ（ヒロココシノインターナショナル）

おしゃれの「つまずき」は
新しいステージへのヒント！

つまずきました！

**2位**

上品色を着ると
なんだか
老けて見える

ベージュのグラデーションで構成したスタイル。地味なおばあさんルック。

上品な雰囲気のスーツスタイルだが、華やかさがいまひとつ足りない印象。

## おすすめのスタイル

総レースのロングジャケットに透け感のあるインナーを合わせた、華やかさのあるベージュ1色コーデ。ロングネックレスで輝きをプラス。

**60**歳以上の方を対象にした着こなしアンケートによると、「上品な印象」は「着心地」に次いで2番目にキープしたい条件でした。

そのせいかこの世代の女性はベージュが大好き。でも、ベージュは意外と着こなすのにコツが必要な色です。よく見かけるのが全身をベージュのアイテムでコーディネートしているケース。実はベージュには微妙なトーンの違いがあり、それを無視して一緒に着てしまうとチグハグになり、むしろ統一感のない印象になることも。また、ベーシックでマットなベージュだけを組み合わせると、全体が地味で老けた印象になってしまいます。

そうならないために大切なのが、華やかな素材でメリハリをつけるという考え方です。同じベージュでもレース使いやラメなど光沢感が入ったものを使うと、地味だったはずのベージュ1色コーデが驚くほど華やかな印象にクラスアップします。また服に華やぎ感が出ると、ロングネックレスなどインパクトのあるアクセサリーも自然と合わせやすくなります。

ベージュを着るときは、上品さだけを演出しようとせず、華やかさも同時に表現するつもりでコーディネートすると、この世代にぴったりのフェミニンなスタイルになります。

おしゃれの「つまずき」は
新しいステージへのヒント!

つまずきました!

## 3位

## 何を着ても同じ印象になってしまう

華やかなつもりで選んだ花柄だけど、どこにでもあるようなスタイルに。

中途半端な色づかいのボーダーチュニックの着こなしは部屋着のような印象。

[おすすめのスタイル]

素材感のあるダークトーンのコクーンシルエットのチュニックと白パンツのコーデ。色を使わずにアクセントのブローチで印象をつけた着こなし。

着ていてラクなスタイルというものは誰にでもあるものです。たとえばヒップやおなかを隠してくれるチュニックがお気に入りアイテムになっている方も多いのではないでしょうか。どこに行くときもチュニックとパンツの組み合わせにしておけば、着こなし方もだんだん板についてきて自信も出てきます。ただ、ラクを優先した選び方をしていると、柄が多少変わっても印象はほとんど同じになってしまうので注意が必要です。

チュニックはとかく部屋着風に見えがちなアイテム。若々しいと思って中途半端な柄や色を使うと、安っぽく普段着調のスタイルになりがちです。とくにマチュア世代がチュニックを着るときは、クラス感のある着こなしの工夫が大切です。カットソーなどのデイリーな素材は避け、クオリティーのあるしっかりした素材を選ぶのがコツ。デザインもコクーンシルエットのようなひねりのあるフォルムを持ったものにすると、よそいき感が生まれます。素材とデザインで上質感を演出すれば、若々しくトレンド感があり、お出かけ着としても十分なクラス感を演出できます。着やすさ重視で選ぶアイテムはたいていラクな条件を満たす服になりがち。そういうアイテムこそ、色やデザイン、素材などを吟味しましょう。

おしゃれの「つまずき」は
新しいステージへのヒント！

若いころと同じスカートの着こなし方。仕事着のようでイタイ印象に。

まとまりがある着こなしだが、この世代ならではの豊かな雰囲気が足りない。

> つまずきました！

## 4位

## スカートが似合わない、はけない…探せない

## おすすめのスタイル

ゆったりとしたクレープ素材のフレアスカートと透け感のあるボレロの組み合わせ。きれい色が映えるこの世代らしい華やぎを感じさせる。

スカートをはかなくなるマチュア世代は想像以上に多いものです。その大きな理由はスカートだと合わせる靴がないというもの。歩きやすいウォーキングシューズがマストだとすれば、確かに膝丈や膝下丈のスカートは合わせにくいのが事実です。ベーシックな膝丈のものにはストッキングとパンプスが必要になりますし、オフィス仕様のような無駄のないシルエットではマチュア女性にふさわしい華やかさやニュアンスを演出できません。

そこで発想を変えて丈の長いスカートをはいてみたらどうでしょう。冬ならタイツ、春から夏ならソックスを合わせてスニーカータイプのひも靴に合わせれば、歩きやすさもキープし、見た目もぐっとおしゃれになります。

若いころのスカートのイメージから離れて、年齢に即した品のある着心地のいいスカートにチャレンジしてみましょう。やわらかい落ち感のある素材を選べば、動きやすいうえに華やか。パンツでは選べない色物や柄物も豊富なので、着こなしバリエーションも広がります。パンツだけで過ごすスタイルに、もう一度女らしい香りをプラスするのも若さの秘訣かもしれません。

白ボレロ／グレイセラ（イトキン メビウス カスタマーサービス）　グリーンスカート／タバサ（ピー・エックス）　ネックレス／お世話や　靴／ワシントン（ワシントン エ スタジオ）

おしゃれの「つまずき」は
新しいステージへのヒント！

おすすめのスタイル

ボリューム感のあるネックレスでインパクトを出した着こなし方。新素材のアクセサリーなので、この量感でも58gという軽さ。

つまずきました！

## 5位

## アクセサリーをしたいけれど選べない

アクセサリーから遠ざかってしまう大きな原因がその重さです。ボリューム感のあるネックレスをつけたいけれど肩がこってできない、首が疲れる。ならば軽いネックレスを探しましょう。今アクセサリー界にも新素材の波がやってきて、見た目は重厚なネックレスでも50g以下というものがいっぱいあります。ネックラインをおしゃれにカバーしてくれるボ

リューミーなネックレスはマチュア世代には必須のアイテムです。軽いからと目立たないプチネックレスをしたり、本物志向で小さなジュエリーをしても、今のスタイルにはインパクトが足りません。
アクセサリーのトレンドをとり入れて、疲れないネックレス選びをしてみましょう。賢いセレクトでさらなるおしゃれのステップアップに。

ペンダントタイプも、中途半端なサイズではアクセント効果が出ない。

重いものを避けプチネックレスを。つけてもつけなくても印象に変化がない。

# Part 1

# 年を重ねて。
# おしゃれは生涯
# あなたの味方

おしゃれには、
体力も気力もがまんも必要?
確かに、ラクばかりを追求したスタイルで
おしゃれコーデの完成はむずかしいのが事実です。
かといって、がまん100％のおしゃれでは、
楽しくもうれしくもありませんね。
そこで着心地、つけ心地がラクな
アイテムの見きわめポイントと
ラクでもおしゃれに装う着こなしのヒントを
紹介します。

## 年を重ねて 1

# 肩がこるのでジャケットが着られない

## 長く着ていても疲れない着心地重視の選び方で

あらたまった席には欠かせないベーシックなジャケット。年を重ねるにつれて肩まわりや背中が窮屈に感じるように。

"ここ一番"のときに重宝するのがテーラードジャケットですが、マチュア世代になると肩がこる、似合わなくなった気がする、と感じる人が多くなります。若いころと同じデザインのものを選ぶと、きつめのシルエットで素材も重く、長時間着ていれば肩もこってきます。一口にテーラードといっても、かたいメンズライクなものから、やわらかい印象のものまでさまざま。若いころ選んでいたギャバジンやフラノはビジネス仕様に見えるので、ジャージーやツイードなど体になじみやすい素材がおすすめです。軽く、やわらかいニュアンスのある生地のものを選ぶと、着ていてラクなだけでなくおしゃれな印象に。着心地一番、そこにソフトな女らしさを加えたものが私たち世代の勝負ジャケットです。

## おすすめジャケット

えりや素材に遊びがあるソフトテーラードなら
よそいき感も着心地もクリア

**Point**

後ろ部分が立っているデザインのテーラードカラー。粋な印象で着こなせる、すぐれたディテール。

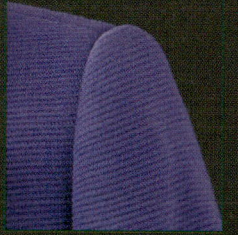

**Point**

着心地のよさを左右する肩まわり。ゆとりがありすぎると肩が落ちてだらしなく見えるので、ほどよいかげんで。

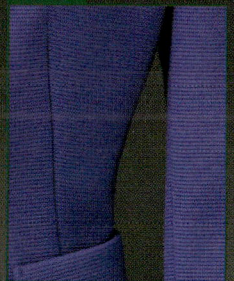

**Point**

ウエストのシェイプ感は女性らしさの象徴。ゆとりがありながらもキュッと絞りのあるシルエットでおじさん感を払拭。

ニュアンスのあるジャージー素材、一つボタン、とテーラードのなかではカジュアルな仕様のソフトジャケット。きちんとした印象を強調するときは黒のパンツやストールでクラスアップ。スカートやデニムに合わせれば日常的に着まわしもきく汎用性の高い一着。

ストール／ハナエ モリ（インターモード川辺）靴／ROCKPORT（Amazon.co.jp）

## 肩のこらないジャケットを選んで着まわしを楽しみましょう

ありがち
コーデ例

ジャケットを中心にコーディネートをしたい、という又吉さんのような方には、素材やディテールに甘さや女性らしさのあるソフトなジャケットがおすすめです。一つボタンタイプなら、前ボタンを留めなくても、だらしなくならず着くずすことができます。前身ごろに生まれた空間に小物を投入して、スタイリングの幅を広げましょう。また丈はやや短めでほどよくウエストが絞られていることもポイント。

このシルエットならパンツでもスカートでもどちらにも合わせられます。ただし、ありがち例に見られるような無難な定番色を合わせてしまうと地味な印象になりかねません。鮮やかな色のストールやデニム、レース素材など思い切ってカジュアルさや甘さをプラスすると、これまでとは違うスタイルに。ジャケットのかたさに対して華やかさを加えた着こなしで、いつまでもジャケットを楽しめる女性でありたいですね。

### 汎用性の高いソフトな
### テーラードがおすすめ

ショールカラーのような丸みのあるえりがソフトな印象を演出。ツイード柄のジャージー素材で、春先にも活躍する一着。

### おしゃれプロフィール

#### 又吉葉子さん（66歳）

英語教師として定年後の今も仕事を続けている又吉さん。学校にお勤めだったことで卒入学式をはじめ、きちんとした格好を求められることが多く、どうしてもスーツを基本にしたかたいスタイルになることが多かったそうです。「ジャケット着用が習慣化しているので、着ていて安心というのはあります。でも年を重ねて体型の変化もあり、服によってほっそり見えたり、雰囲気が変わることをこのごろ感じるようになりました。若いころは清潔であれば何を着ていても同じ、というのが正直なところでしたが、今はむしろもっと冒険してみたい気持ちです」。卒業生の結婚式によばれたり、学校行事に参加する機会も多い又吉さん。「かた苦しいスーツはさすがにもう飽きたけれど、ジャケットはまだ手放せないですね」

着まわしB

着まわしA

## スカートなら思いっきり
## フェミニンなものをプラス

メンズの香りが強くなりがちなテーラードジャケットを、スカートで上品に。かたくなりがちな白×紺の色合わせも、スカートにレース素材を選んで、ほどよくフェミニンなやわらかさをプラス。全体をソフトに見せつつ品のよさとあらたまった印象を演出している。脚をきれいに見せる紺のストッキングで仕上げて。

## デニムでチャレンジする
## カジュアルダウンのお手本

テーラードと意外と相性がいいデニム。着こなしのポイントはローヒールのパンプスで足元をエレガントにキメること。ジャケットの持つかたいイメージを逆に生かして、普段着風になりがちなデニムをお出かけ着にクラスアップ。仕上げに女性らしい鮮やかなストールとバッグで華やかさを足すことが重要。

右:デニム／テセラ（ニッセン）　ストール／デコネック（ムーンバット）　バッグ／アルテミス by ダイアナ　靴／ワシントン（銀座ワシントン銀座本店）
左:紺スカート／テセラ（ニッセン）　バッグ／ニコリ（オフィス アール＆ワイ）　ネックレス／ユキコ ハナイ（花井）

# ツイードのノーカラータイプは気楽にはおれる2枚目ジャケット

切りっぱなしのディテールが特徴のノーカラージャケットは、スタイリングの面白さに目覚めた田野倉さんがいろいろな着まわしを楽しめるアイテム。コーディネートのポイントはツイードジャケットの個性を主役にして組み合わせることです。たとえば、カラーパンツで鮮やかな色を加えてみると、ジャケットのモダンさが引き立つ大人カジュアルに。逆にモノトーンだけでコーディネートすると、ツイードジャケットとしてのきちんとした面が際立ってきます。ツイードだから何でも合うと思って中途半端な色づかいを合わせると、ありがち例のようにやぼな印象になるので要注意。

ノーカラータイプはテーラードジャケットほどのあらたまった雰囲気はありませんが、アクセサリーやストールなどもプラスしやすく、華のあるコーディネートが楽しめるので、やわらかさがほしいマチュア世代にはおすすめのアイテムです。

**ありがち コーデ例**

## 面白みのあるデザインはきちんとカジュアル向き

前だけえりを残した遊びのあるデザイン。袖口やえりのディテールがアクセントに。やわらかいツイードなのでカーディガン風にはおる感覚で。

### おしゃれプロフィール

**田野倉和子さん（67歳）**

定年まで大手百貨店で勤務していた田野倉さん。なかでも婦人服売り場は長く、おしゃれや流行にふれる機会が多かったようです。ところが本当の意味でおしゃれに目覚めたのは退職してから。「就業中の制服はもちろん、通勤着もほとんどがスーツ。ラクに着くずすことができませんでした」。退職後、ヒールからカジュアル靴になったのをきっかけに、カジュアルなおしゃれに目覚めたそうです。以来、社員時代に買いだめしてあったスーツに新しいアイテムを買い足しては、着くずしノウハウを実践中。そんな田野倉さんのポリシーは「ある程度の年齢になったら、着くずしてもどこかにきちんとした印象を残すこと」。昔の定番スーツは、そんなコーディネートにちょうどいいようです。

着まわしB

## 大胆な色づかいから
## 新鮮な表情が生まれます

ヴィヴィッドなグリーンのパンツが意表をつくコーディネート。ジャケットスタイルにさし色を加えるときは、インナーではなくボトムに持ってくるとおしゃれ度がアップ。鮮やか色ボトムをプラスするときは、白いインナーで抜け感をつくるのがコツ。ジャケットは基本的に色を足すとカジュアルな印象に。

着まわしA

## 黒ワンピースで引き締めて
## 会食のヒロインスタイルに

色やデザインを抑えた組み合わせで、ジャケットの個性を際立たせたコーディネート。モノトーンと相性のいいツイードは、黒や白のアイテムを合わせるとむしろ華やかさが生まれて、色を使わなくても凛とした若さが演出できる。あらたまった席にも対応する着こなしに。

## 年を重ねて 2

# 首を出したくない！

大きく開いたネックラインは首に出る年齢を正直に伝える。
若々しく見せるつもりが、逆に痛々しい印象になることも。

## カムフラージュ上手になって首元のおしゃれを楽しみます

年齢を隠せない、といわれるのが「首」。いったん気になりだすとそこばかりに目がいってしまうものです。とくに筋ばった首は全体の印象までも貧相に映すことがあり、首の見え方が気になるところ。とはいっても首を隠すことばかりにとらわれていると、着るものが限られてしまいます。そこで大切なのが「隠す」ではなく「目立たなくする」という視点。ちょっとニュアンスのあるえりやモダンなハイネックを選んでみましょう。それだけで首のラインがぜん気にならなくなります。またスカーフやボリュームのあるネックレス、付けえりなど、首元におしゃれ小物をあしらうと、気になる部分に目がいかなくなるだけでなく、着こなしもセンスアップ。見方を変えれば、ウィークポイントもさらなるおしゃれ上手になるきっかけになります。

## おすすめデザイン

### 完全なタートルネックではなく、デザイン性のある立ちえりを選びましょう

**Point**

ハリのある楊柳の質感を生かして折り込むようにデザインされた立ちえりは、ストールを巻いているような形。

**Point**

えり元にブローチをプラスして視点を首からそらし、コーデのポイント効果を出す一石二鳥のテクニック。

楊柳素材でハリがあり、立体的なえりが首元をカムフラージュ。えりにブローチをあしらってダブルの目隠しを。いかにも隠しているような高さのあるスタンドカラーは、小物使いでセンスアップするのがコツ。

靴／クラークス（クラークス ジャパン）

## ネックラインの選び方を変えると首が気にならなくなります

**ありがちコーデ例**

首年齢の出方は人によってさまざまで、福島さんのようにやせて見えるのが、福島さんのようにイヤという方もいれば、太い首が年齢を感じさせると悩む方もいらっしゃいます。いずれにしても若いころに着ていたような大きく開いたえりぐりではカムフラージュのしようがありません。福島さんのようにストールやネックレスで目立たなくするのはとても有効なカムフラージュテクニックですが、それにネックラインの選び方をプラスすればさらに相乗効果が生まれます。

選び方のポイントは、ニュアンスのあるハイネックをチョイスすること。首全部を隠すアイテムを探そうとすると無理があり、着られる服が限られてしまうので、あくまで"ちょっとハイネック"にとどめておくのがコツです。

たとえばボトルネックと呼ばれる首の半ばくらいまでの立ちえりが、ネックラインの面白みがアクセントとなり、気になる部分から視線をそらします。同じ視線回避のセオリーからいえば、首の両サイドにストールをさげたようなショールカラーもそのひとつ。えりのボリュームに目がいき、ネックラインが気にならなくなります。

まずはカムフラージュ効果の高いネックラインを選び、次に小物でアクセントをつけてみましょう。

### おしゃれプロフィール

#### 福島みどりさん（60歳）

「55歳を過ぎたころから、やっと自分のスタイルというものがわかってきた気がします」という福島さん。自分自身を見直す時間が生まれたことや、成人されたお嬢さんにファッションについてアドバイスをもらうようになりました。「細くていいわね、と言われるときもありますが、自分で意識しているのは、やせてイタイ印象にならないこと」。パンツなら脚のラインが強調されないゆとりのあるシルエットのものを、首の細さが目立たないようストールを巻いたり、大ぶりのネックレスを合わせたりと、お手持ちのアンチエイジングテクニックは豊富のようです。いつまでも凛としたおしゃれをしていたい、というポリシーのある福島さん、これからも素敵な着こなしをされていくことでしょう。

## ネックラインでカムフラージュ

### オフタートルとイヤリングで変化を

オフタートルのソフト素材カットソーは、自然に入るドレープでネックラインをカムフラージュ。揺れ感のある大ぶりイヤリングをプラスして、アップスタイルのヘアでもネックラインが気にならない。

### モダンな印象の立体裁断のボトルネック

胸元から立ち上がったタックが立体的で美しいネックラインを演出。ハリのあるコットン素材なので首にまつわらず、シャープなシルエット効果でカムフラージュする。

### ブロックカラーに視線を集めるテクで

わずかな立ちえりのネックラインと、ワンピースの白黒ブロック切りかえで、首元に視線がいかなくなる。インパクトのある色や柄でも視線をそらせることができる。

### ドレープのボリュームで視線をそらせる

ネックラインそのものをカバーするものではないが、カーディガンのドレープ効果で視線が両側に流れ、首が気にならなくなる。さらにデコラティブなネックレスを併用して、視線を中央に集中させる二段構えのカムフラージュテクニック。

# ワンランク上の小物テクニックでさりげなくカムフラージュ

**ありがちコーデ例**

### おしゃれプロフィール

## 本田政子さん（67歳）

大手百貨店に定年まで勤務し、今も週3回、婦人服のアテンドとしてお仕事をしているという本田さん。洗練された着こなしがさすがという印象ですが、スタイリングの面白さを知ったのはつい最近のこと。「それまではアルマーニやラルフ・ローレンならそれだけでまとめていました。ブランドの垣根を越えてコーディネートすることを知らなかったんです」。それを教えてくれたのが社員研修の講師として来ていたスタイリストの石田さん。「目からウロコというのでしょうか。石田さんの単品でアイテムをとらえる考え方を教えていただいてから、洋服の見方がまるで変わりました。今は自分が教えてもらったことを、お客さまに伝えたい気持ちでいっぱいです」

すっかり着こなし上手になられた本田さん。これからは、年齢を気にせず自分らしいものを着ていきたいという思いと同時に、一方はラウンドネックのように首が出る服を着たときのネックラインは気になる、という思いもあるそうです。確かにフラットなネックラインでは、視線をそらせるものがないので、首の年齢が正直に出てしまいます。そんなときこそ小物の出番です。シンプルなネックラインにランクアップさせようという冒険心で小物を使ってみてください。ネックラインに限らず年齢が出やすいところをカムフラージュすれば、印象がよくなるだけでなく、自信を持って人と向き合えるようになります。ちょっとしたひと工夫で、これからの人生は大きく変わってきます。研究熱心でおしゃれへの情熱も人一倍強い本田さん。本田さんのように着こなしのうまい方なら、付けえりなど上級テクニックの小物使いにもチャレンジしてほしいですね。単に視線をそらせるだけの目的ではなく、さらにトライして、ますます素敵に年を重ねてほしいと思います。はボリュームのあるネックレスをプラスするだけで視線が気にならなくなりますし、もっとカバーしたいときはストールをと、さまざまな小物を動員してカムフラージュしましょう。

冒険心を持ってさまざまなおしゃれにトライして、ますます素敵に年を重ねてほしいと思います。

## ファッション小物でカムフラージュ

### 変形ストールならゆったりひと巻きで

珍しい平行四辺形のスカーフ。ゆったりとネックラインをひと巻きして、首を隠しすぎないのがポイント。さらさら感のあるコットン×シルク素材なので、カジュアルなトップに合わせやすい。サイズ：160×105cm

### 素材の持ち味でインパクトを出します

ゴムの小さな棒をつなげた遊びのあるネックレスで意表をついたアクセントを。面白みのある素材は大人の女性の着こなしにインテリジェントなニュアンスをプラス。

### パールの付けえりでおしゃれに目隠し

シンプルな丸えりはそのまま着ると、ネックラインが貧相に見えることも。そこで丸えりのニットに白い付けえりをアレンジ。白いシャツタイプの付けえりで若々しくカムフラージュ。

### 首元はきっちり、あとは長くたらして

モダールとシルクが入った上質な素材ときれい色の柄を生かした、エレガントな結び方。気になる部分をきっちり隠したいときの奥の手テクニック。パーティーや華やかなシーンでも通用する小物使い。サイズ：180×70cm

右上：ブルーブラウス／ジョルジュ・レッシュ（イトキン カスタマーサービス）　ネックレス／アクリリック
左上：白ニット／ジョルジュ・レッシュ（イトキン カスタマーサービス）　ストール／ポートビラ
右下：グレーカーディガン／KEI Hayama PLUS　ストール／インターモード（インターモード川辺）　バングル／アビステ

年を重ねて
## 3

# 髪染めを卒業したい！

これまで愛用していた落ち着いた色合いは、白髪に合わせると老けた印象に。髪染めをやめたら、色選びを根本的に変える必要が。

## 頭の上の黒いフタをはずせば、きれいな色が似合うように

いつまで白髪を染めていくのだろうか、ありのままの自然な髪にしてみようか。ある年齢以上になると、誰もが思うことです。髪染めをやめて若く見せることから解放されるのはとても自然なことですが、年相応でいること＝おしゃれに興味がなくなってしまう方も。それは、とてももったいないことです。

その理由は、髪の色は明るければ明るいほど、きれいな色が似合うようになるから。これまでは顔映りがイマイチだったパープルやピンクも、頭から黒い部分がなくなりました。逆にそれまで着ていた濁ったトーンの色物を着ると老けた印象になるので、着こなしに工夫が必要です。髪染めをやめたときこそ、憧れのカラフルコーディネートを楽しむチャンスが到来したと考えましょう。

28

## おすすめカラーコーデ

**クリアなラベンダーは黒髪より白髪のほうが着こなしやすい**

**Point**
カーディガンと同じ色調のストールとネックレスを合わせる。きれい色にはグラデーションの小物使いが合う。

**Point**
色物のトップを選ぶときは、インナーには白を合わせて抜け感をつくるのがコツ。クリアで鮮やかな色をポイントに。

色を楽しむなら発色のいいニットが一番。濁りのないラベンダーのカーディガンは白のインナーとパンツ、同系のきれい色のストールで余分な色を使わない着こなし方がおすすめ。明るい髪の色だから、ライトなカラーコンビネーションが引き立ってくる。

パープルカーディガン／ボンシリエ（ラブリークィーン）　白パンツ／モディファイ 日本橋三越本店　ストール／シュナ シャーヌ（インターモード川辺）　ネックレス／imac

## これまで着ていたアイテムには色のバージョンアップが必要に

走るのが趣味という前野さんは、シャツとジーンズというスタイルが多いようですが、グレーベースの髪の場合は色選びをまちがうと、とても味気ない印象になることがあります。

たとえばチェック。若々しい柄ゆきですが、ありがち例のようにダークな赤とグリーンを基調にした色調では、メンズのような着こなしイメージにも見えかねません。せっかく黒い髪から自由になったのだから、これまでより大胆な色づかいを意識してみましょう。

色合いのギンガムチェックや、甘さや女らしさを感じさせるきれいな色づかいをしてみましょう。きれいな色の足し方のコツはトップだけでなくストールやネックレスなどのアクセサリーを使うこと。これまで着ていた暗い色調のトップにピンクやイエローなどのストールをするだけで顔の表情がグッと明るくなります。これまで着ていた暗い色調のトップにピンクやイエローなどのストールをするだけで顔の表情がグッと明るくなります。同じシャツでももっとフレッシュな色づかいを意識してみましょう。

**ありがち コーデ例**

### 今までは冒険だった色づかいが驚くほど似合うように

これまでは若づくりになりがちだった鮮やかなパステルカラーの小物が、ヘアが白くなったとたん自然と顔になじむように。

---

**おしゃれプロフィール**

### 前野節子さん（67歳）

定年後すぐに髪を染めるのをやめ、自然体にしたという前野さん。「もともとナチュラル志向で、本当はもっと早く染めるのをやめたかったんです。50代のころにいったん染めるのをやめたところ、勤務先から苦情が出て、しかたなく定年までは染め続けました（笑）」。今は趣味のマラソン中心の生活とのことで、正直おしゃれにはあまり気を配っていないそうです。「スカートもはかなくなったし、スポーティーなものばかり着ていてはダメですね。もう少し女らしい着こなしに戻さないと。まずは明るい色からトライしたいと思います」。ナチュラルヘアにしてから長くおしゃれから遠ざかっていたけれど、もう一度着る楽しさを感じてみたいそうです。

ストール／左から　レヴ・ガラージュ（ムーンバット）、インターモード（インターモード川辺）、ハウス・オブ・ロータス（インターモード川辺）

カラーコーデB

カラーコーデA

### きれい色のストール利用が
### ダークカラー攻略のコツ

ダークトーンのトップは、髪の色が白くなると地味な印象になることも。そんなときはグリーンやピンク、イエローなどが多色づかいされているカラフルストールを活用。髪と服のコントラストをやわらげ、華やかさも加わるので、老けたイメージになるのを防ぐ。これ1枚でどんな地味色トップも着まわし可能に。

### カジュアルなアイテムほど
### 明るい色づかいを心がけて

ティーンのころ着たようなギンガムチェックのシャツが、髪染めをやめたヘアにはぴったり。黒髪で着ると若づくりに見えてしまうアイテムも、白髪だと邪魔する色がないのでなじみがいい。髪の色とシンクロする白をインナーに持ってくると、さらにさわやかな印象に。デニムスタイルでもおしゃれな演出に。

右:ネイビーニット／エム・ジ・ジェ(タカヤ商事)　パンツ／ヒロココシノ(ヒロココシノインターナショナル)　ストール／レヴ・ガラージュ(ムーンバット)　サングラス／アビステ
左:タンクトップ／ジョルジュ・レッシュ(イトキン カスタマーサービス)　デニム／ミセスジーナゴールド(タカヤ商事)　イヤリング／アクリリック　靴／ペダラ(アシックスジャパン)

## 白いヘアをアクセサリーと考え同系色トーンでまとめます

黒髪につなげる黒の着こなしが日本人には似合うように、白髪にしっくりと似合うカラーがグレージュ。石川さんも大好きで着る機会も多いそうですが、外国人とまちがえられることもあるそうです。つまり、金髪の欧米人に似合う色こそお手本色。白髪の髪色を服が相殺することなく全身をまとめてくれます。おすすめはグレージュをベースにしたカラーコンビネーションです。シルバーや薄い

ピンク、ベージュ系の色など、グレージュより明るい色と組み合わせると大人の女性ならではの洗練されたイメージに。グレージュ自体は地味な色なので、やや斬新なデザインのものを選ぶのがコツです。また同系色でまとめるときに、1カ所白っぽい部分をつくるのがポイントです。その白いスポットが抜け感となり、全体に軽さを出すとともに、ヘアとシンクロしてよりなじんだ印象を演出します。

**ありがち コーデ例**

### なじませ効果を発揮する
### グレージュトーンの色

シルバー、グレーピンク、サンドカラーなど明るい色をグレージュにコーディネートすると、ヘアがより魅力的に。

**おしゃれプロフィール**

### 石川昭子さん（71歳）

雑誌編集者として64歳まで仕事をしていたという石川さん。50歳になる前に「体に悪いことは一切やめよう」と髪染めを卒業しました。グレー色時代はベリーショートにして過渡期を過ごし、49歳のころには真っ白ヘアを手に入れたそうです。まず着手したのが、洋服の全とりかえ。「このヘアにしてから、無意識のうちに色みの選択肢が広がり、以前は手にしなかったような色を自然と身につけるようになりました」。好きなベージュや黒をベースに、オレンジやピンク、真っ赤などを加える着こなしが多いそうです。トレンドにも常に気配りし、「もうこわいものはない。人が楽しんでいるなら、自分もやってみよう」と、どんなアイテムも迷うことなくチャレンジし、旬のファッションを堪能しています。

ストール／左から　フランチェスカ バッシ（ゲストリスト）、セラッチ ジャポン、ファリエロ サルティ／haunt代官山（ゲストリスト）、ノチュラルベーニック（インターモード川辺）　帽子／セラッチ ジャポン　靴／クフークス（クフークス ジャパン）

カラーコーデB

## 白いブラウスをプラスして
## やわらかい抜け感を楽しむ

黒い髪だとリアルすぎて着こなしにくいガーリーなブラウスも、白い髪ならさらりと着流せる。薄手のグレーカーディガンをさりげなく重ねたエアリーな雰囲気漂う大人の着こなしは、この世代のお手本スタイル。ピンクが見え隠れする同系色のストールは巻きつけずに両わきにさげて、カーディガンになじませるようにつけるのがポイント。

カラーコーデA

## 地味になりがちな色なので
## 1カ所は白のアクセントを

グレージュトーンでまとめるときのコツは、必ず一つは白っぽいアイテムを使うこと。ロングネックレス、パンプス、パンツは同系色トーンにして、インナーだけを明るめに。これだけで抜け感が演出され、全体が軽やかな印象に。ヘアの色とインナーのシンクロ効果も出るので統一感のあるスタイルに。

右：グレーパンツ／テセラ（ニッセン）　ネックレス／モディファイ 日本橋三越本店　靴／ワシントン（ワシントン エ スタジオ）

年を重ねて
## 4

# ハイヒールで出かけたくない！

NG

「足が痛くならない」「歩きやすい」だけで選ぶと、デザインや服とのバランスは二の次になってしまう。

## シニア靴売り場から脱出して旬なフラットシューズ探しを

年を重ねれば重ねるほど、機能性重視タイプのものになるのが靴。では、どんな靴が「足が痛くならない」「疲れない」「歩きやすい」などの条件を満たしながら、小物としての存在感を持つのでしょう。

靴は意外とトレンドを反映しやすいアイテムです。なのでそのシーズンの旬のデザインの中から、歩きやすいフラットヒールのものを選べば、汎用性が高く、お出かけにもカジュアルにもはくことができます。たとえば、ウイングチップのちょっとクラシックなひも靴や、旬な印象のラバーソールのスニーカーなどは、ファッション性が高く、歩きやすさも兼ね備えています。

靴は定番ウォーキングシューズではなく、売り場全体の中からはきやすくトレンド感のあるものを選ぶようにしましょう。

## おすすめフラットヒール

フラットヒールの歩きやすさを享受しながらクラシックな気分を楽しみます

**Point**

メンズライクなデザインを楽しみながら、足の疲れや痛みを気にせず、さっそうと歩けるフラットヒール。

**Point**

クラシックな雰囲気をかもし出す白×ブラウンのコンビタイプ。強い存在感でおしゃれな足元を演出する。

**Point**

土踏まずの部分が高くなっている中敷きで、筋力が落ちてきた足底のアーチを下から支え、長い時間歩いても疲れにくい。

昔の映画の中で伊達男がはいていたようなウイングチップのコンビ靴は、メンズライクなつくりなので足入れがよく、どんな服とも意外に相性がいいのでおすすめのタイプ。ひもで幅を調節できるので足にフィットし、長時間歩いても疲れない。はいていて気分もアップ。

ベージュキュロット／ヒロココシノ（ヒロココシノインターナショナル）　帽子／セラッチ ジャポン　靴／GOHAN

# 歩きやすくおしゃれな印象を演出。
## デザイン重視のフラットシューズ

**ありがちコーデ例**

靴を見ると、どんな世代の人かがすぐにわかります。洋服以上に機能重視で選ばざるをえないアイテムなので、その人の年齢を正直に伝えるからです。だからといって、ありがち例のようにカジュアルなウオーキングシューズをはいていたのでは、せっかくのおしゃれ服も靴で台なしになってしまいます。

ラクなおしゃれ靴は、パンプスをはかなくなった世代にはまさに必須のアイテム。おすすめはエナメルやラメなど光る素材のひも結びタイプの靴。

男性的なイメージのあるひも結びのフラットシューズですが、素材につやや光があれば女性らしさもおしゃれな雰囲気も演出できます。色は黒、白、紺、シルバーなどモノトーンなら、どんな色の服にも合わせることができます。インソールにアーチフィッター機能がついているタイプを選べば、長く歩くときにも安心です。

### おしゃれプロフィール

#### 末光 操さん（68歳）

ドリーマーのご主人と一緒にこだわりの一軒家レストランを経営し40年。今でもキッチンに立っているという末光さん。「ずっと忙しかったから着るものにまで気配りできなかった。今になってやっと着ることを楽しみたいと、昔の服を出してみたところ、体型も印象も変わり、とても着られませんでした（笑）」。そんな末光さんがいちばん悩んでいるのが靴。最初にラクな靴で足元を決めてしまうと、着てみたいと思うちょっとおしゃれな服には似合わないことがよくあるそうです。「健康を考えてなるべく歩きたいと思うので、どうしてもラクな靴を選んでしまいます」。ワンシーズンに3着新調することにしている服にも合い、そして歩きやすさも兼ね備えたおしゃれ靴がなかなかないそうです。

### ひも結びタイプの シューズで 素材が面白いものを

どれもベーシックなひも靴タイプで光沢素材の組み合わせ。上／ローヒールの黒エナメルはあらたまった席にも。 中／軽快な白地にラメの入ったタイプ。下／紺のエナメルにブルーのひもがアクセント。

靴／上と中・ワシントン（ワシントン エ スタジオ）　下・GOHAN

同じ靴で印象変えB

## 2色の切りかえが印象的な
## ニットと靴の組み合わせ

ニットとパンツの白を基調に、色の切りかえをポイントにしたさわやかなスポーティーカジュアル。色を絞った着こなしの中で、面白みのある靴の切りかえがおしゃれ小物としての存在感を発揮。ありがち例と同じ服なのに、靴をかえただけで若々しさと洗練度が大幅アップ。

同じ靴で印象変えA

### スリムパンツとも好相性の
### 汎用性の高い一足

ビッグシルエットのチュニック＋スリムパンツのような旬の着こなしにも合うベーシックなデザインの靴。黒白の中にバッグのピンクをきかせたワザありコーディネートも、足元までセンスが行き届いているからぐんと引き立つ。

靴／GOHAN　右：ボーダーカーディガン、ニット／エレファン（CPR トウキョウ）　白パンツ／グレイセラ（イトキン メビウス カスタマーサービス）
バッグ／ディア アンド プレス（ティーワイトレーディング）　左：ネックレス／グレイセラ（イトキン メビウス カスタマーサービス）　バングル／アビステ

## 運動やウオーキング専用ではない スニーカーを見つけましょう

カジュアル感を意識したスタイルを心がけている江指さんにおすすめしたいのは、運動用ではないスニーカーです。着るものをカジュアルにしたときに、いちばん迷うのが靴。歩きやすさなどを考えると、ローファーやウオーキングシューズなどをつい合わせたくなるものですが、一気におしゃれ感がダウンした印象になってしまいます。

おすすめするのは旬のデザインのスニーカー。厚底のラバーソールやハイカット、迷彩柄など、若い人たちもはくトレンディーなタイプで、スポーツ売り場に並んでいるものとは全く異なります。それでもクッション性のあるソールでゆとりがあり、足に負担がないことは変わりません。

靴にこだわりを見せることは究極のおしゃれです。カジュアルなスタイルのときこそ、「流行を知っているのよ」という選び方にしてみたらいかがでしょう。

### ありがち コーデ例

---

### 一気におしゃれ度がアップ。タウン用スニーカー

遊び心、はき心地ともパーフェクトの3足。上／ベーシックにキメたいときには革の白ハイカット。 中／個性的な足元演出ならゴールドのラバーソール。下／迷彩柄のスリッポンタイプはスカートにも。

---

### おしゃれプロフィール

#### 江指育子さん（70歳）

理化学系出身の江指さんは60歳を過ぎてからあらためて大学、ドクターコースへと進み、青春を謳歌していました。65歳からこれまで得た見識を社会に役立てたいと張り切っていた矢先、最愛のご主人が他界。花を見ても無色に見えた2年間、そんな江指さんが出会ったのが石田さんの本でした。「若いころからおしゃれは好きでしたが、生きる勇気が芽生えました。おしゃれとはどうしたら自分がよく見えるかを考えるものだと気づいたんです」。それからは組み合わせや色、カジュアル感の出し方など、ご自身でも研究するように。「80歳まで元気で明るい色が似合う人でいたいと思います」。これからますますおしゃれを楽しんで、素敵な80代に向けて磨きをかけていかれそうです。

---

靴／上と中・ノーネーム（ストックマン）　下・MODE ET JACOMO manu（Amazon.co.jp）

同じ靴で印象変えB

## 重量感のあるスニーカーが
## 新しさを演出する

ここ数年のトレンドであるビッグな足元演出の流れを受けているスニーカー。紺のロングカーデと色をそろえて一体感を出したさわやかなスタイリング。どっしりとしたスニーカーにはスリムなパンツを合わせ、重量感のバランスをとることが大切。シンプルな色合わせにイエローのバッグでアクセントを。

同じ靴で印象変えA

## スカート＋スニーカーで
## ミスマッチ感覚を楽しんで

若いころ経験したガーリーなスカートと、スポーティーなスニーカーの組み合わせを思い出す着こなし方。タイツでスカートとスニーカーをつなげ、黒×グリーンのIラインをつくるのがポイント。ミスマッチコーデの意外性を楽しみながら、スニーカーのはき心地のよさを実感できる旬のスタイリング。

靴／ノーネーム（ストックマン）　右：ネイビーカーディガン／ジョルジュ・レッシュ（イトキン カスタマーサービス）
ロゴカットソー／ベータ（ファイブフォックス カスタマーサービス）　パンツ／スタジオ ピッコーネ（ビキジャパン）　バッグ／エフィー（efffy コレド室町）
左：グリーンカーディガン、プリントスカート／ジョルジュ・レッシュ（イトキン カスタマーサービス）

年を重ねて
## 5

# 重たいバッグを持つとくたびれる

NG

ハイキングに行くときと同じリュックを街着にも。これではどんなにおしゃれな服を着ていても、どっぷりおばさんスタイルに。

ブランド物バッグを卒業して軽やかにバッグを持つ

肩がこるからショルダーバッグは持てない、トートバッグは腕が疲れる、と年齢を重ねるうちに重たいバッグは持ちたくなくなります。そんなときに注目するのがリュック。両手が使えるので、使いがってもよく安全性も高いので、この世代には便利なアイテムですが、アウトドアタイプをそのまま背負ったのでは味気ない印象に。そこでおすすめしたいのがタウン用に作られたリュックです。ショルダー部分の肩ひもは細く、本体の一部に革のアレンジがあるなど、街着で持つことを意識したデザインできれいめカジュアルスタイルを完成させます。また手さげや肩がけバッグもナイロンなどの軽い素材を選び腕への負担を軽減。革バッグでは表現できないニュアンスのあるデザインも豊富です。おしゃれに背負うか、軽い素材にするか、どちらにしますか。

## おすすめリュック

手持ちもできる2WAY機能のリュックでおしゃれに腕への負担を軽減

**Point**

ナイロンをベースに革を部分使いしているので、重量を軽くしながらもタウンアイテムの印象をキープしている。

**Point**

肩ひもが細いことは、きれいめリュックとしての必須条件。革ひもなのでアウトドアな雰囲気にはならない。

**Point**

センスが光る細部のデザイン。小さな遊び心やトレンド感が、リュック全体を洗練された印象にしている。

細い肩ひもとフタ部分に革を使ったナイロンリュック。ディテールにこったモダンなデザインで、おしゃれに見えるスグレもの。旅行や遠出にも適しているが、手持ちもできるのでショッピングなど日常シーンでも重宝するアイテム。

ベージュコート／エレファン（CPRトウキョウ）　ストール／ナチュラル・ベーシック（インターモード川辺）　リュック／ベータ（ファイブフォックス カスタマーサービス）
帽子／マオズ（F.I.S）　靴／ワシントン（ワシントン エ スタジオ）

## ハイキング用からおしゃれ仕様のリュックにかえてみましょう

ボーイッシュなテイストのスタイルが多い高野さんは、リュック姿もお似合いです。リュックにもなる2WAYバッグにもなる2WAYが最適。旅行などにはリュックで、ショッピングなら斜めがけ、ランチにはショルダーでとさまざまに使い分けができます。色も合わせやすい薄いブラウンを選べば、オフホワイトのような落ち着いたトーンにもコーディネートでき、いろいろな装いシーンに使いまわせます。

また、いつもリュックスタイルというわけではない方には、ショルダーバッグにもなる2WAYが最適。旅行などにはリュックで、ショッピングなら斜めがけ、ランチにはショルダーでとさまざまに使い分けができます。色も合わせやすい薄いブラウンを選べば、オフホワイトのような落ち着いたトーンにもコーディネートでき、いろいろな装いシーンに使いまわせます。

ありがちコーデ例

### 2WAY仕様のリュックで使いまわしも2倍に

二つに折りたたむとショルダーバッグとして使えるデザイン。サイズ：30×41×11.5cm

トートバッグにすると鮮やかな黄緑の裏地が、インパクトを演出。サイズ：30×36×10cm

リュックモードを基本に、もうひとつの使い方ができるタイプ。着こなしに合わせて形を変えられるので、活躍度も2倍に。

### おしゃれプロフィール

**高野典子さん（61歳）**

この数年、生活の中心に介護があるため、普段は紺、白、グレーなどのスポーティーな色を身につけることが多い高野さん。デニムやパンツを選ぶことも多く、動きやすさ重視の傾向にあるかも、とふり返ります。だからこそ「これを着たらどう見えるか、こちらのほうがいいのでは」と、外出時にはいろいろ考えてコーディネートするようになったそうです。「リュックは両手が自由になるので魅力を感じますが、ハマりすぎてしまわないか気になります。大人っぽく持ちたいので、革のものに憧れるけれど、重さが心配」。高野さんは汎用性のある上質のものを買って長く使いたいと思っています。30代と40代のお嬢さんが3人。娘さんたちと一緒にお互いのファッションチェックをすることもあるようです。

ベージュリュック／ナナノエル（Blythe inc.）　黒リュック／アクリリック

持ち方B

## リュックとして持つときは
## 華やかさのある着こなしで

リュックを持つときはあまりスポーティーに見せてしまうと女性らしさがなくなるので、ちょっと華やかさを意識した着こなしで。オレンジの鮮やかなカーディガンとマルチボーダーのインナーで暖色系ビタミンカラーのコーディネート。リュックのスポーティーな雰囲気と明るく元気な色合わせが絶妙のバランス。

持ち方A

肩ひもを長くすれば斜めがけスタイルにも。両手が使えて、屋外スタイルには重宝。

## お出かけ着に合わせるなら
## セミショルダーにして

3種類のショルダーバッグに変形できる超機能性タイプ。肩ひもを短めに調節すれば、肩がけしやすいセミショルダーに。ちょっときちんと感のあるスタイルのときには、この形で対応。全体のトーンをベージュとオフホワイトでまとめた上品なコーディネートは、好感度の高い大人の女性らしい着こなし方。

バッグ／ナナノエル（Blythe inc.）　右：オレンジカーディガン／A/C DESIGN BY ALPHA CUBIC(Amazon.co.jp)
ボーダーカットソー／グレイセラ（イトキン カスタマーサービス）　サングラス／アビステ　靴／tittit　左：白×ベージュニット、ネックレス／モディファイ 日本橋三越本店
靴／クラークス（クラークス ジャパン）

## 大きめの軽量バッグが一つあれば
## サブバッグを持つ必要はありません

荷物を大きなバッグ一つにまとめると、かなりの重量になります。そこでありがちなのが"分散持ち"。小ぶりのハンドバッグと一緒に、とりあえずの感覚で布製バッグをダブル持ちするスタイルです。紙袋と同じ感覚でデザインや色、柄ゆきなどはほとんど考えず、荷物の分量に応じて使い分けている、という方も多いのではないでしょうか。ところが、この布製のサブバッグが全身の着こなし印象に与える影響力は意外に大。かといって小ぶりのバッグや服に合わせて、そのつど組み合わせを考える、というのは非現実的です。

そこでチャレンジしたいのがナイロンなど軽い素材のバッグです。ナイロン素材のバッグは革のバッグにくらべて色やデザインが多様なうえ、値段も手ごろ。服やシーンに合わせて、サイズや機能の違うものをそろえるのも楽しいのではないでしょうか。

**ありがち コーデ例**

### ナイロンなど軽い新素材で
### バッグの新境地を開拓

**200g** マチのないフラットなデザインは食事やパーティー向き。バネで開け閉めできる機能性バッグ。
サイズ：38×27cm

**400g** 幅広のやわらかい合皮の持ち手が使いやすい。大きなフタがスクールバッグのような印象も。
サイズ：30×22.5×15cm

**250g** シルバーをあしらった花柄プリントの巾着バッグ。大人かわいい着こなしに欠かせない小物。
サイズ：28×28×26cm

### おしゃれプロフィール

### 長嶋啓子さん（66歳）

ご主人の仕事の関係で、子育て時期は海外で生活をしていた長嶋さん。"郷に入っては郷に従え"で、暮らした国のファッションをそのつどとり入れて楽しんできました。最近は家庭菜園を楽しむ日々で、ラクなものを着ていることが多く、パンプスをはくこともめったにないそうです。
そんな長嶋さんですが、着るものを選ぶときに心がけているのが、縦のラインを強調すること。「背丈を生かしたほうがいいのかなあ、となんとなく思うようになりました」。最近では、背の高さが生かせるデザインや大きな柄物などを意識して着るように。身長164センチのすらりとしたスタイルを生かしたおしゃれをこれからも楽しんでくださいね。

バッグ／上と中・アクリリック　下・グレイセラ（イトキン メビウス カスタマーサービス）

持ち方 B

## モノトーンの服を生かした
## 大人の洗練コーディネート

軽いナイロンバッグなので、荷物をひとまとめにしてもラクラク。やわらかい合皮で作られた幅広の肩ストラップは、肩がけにしても痛くならず、ズレ落ちない優秀デザイン。大きめサイズでも色が邪魔にならないので、どんな色の服にもマッチする。

持ち方 A

## 荷物の重さや服に合わせて
## 手持ちもできるスグレもの

持ち手も肩ひもと同じ幅の合皮で作られているので、長く持っても腕にくい込まない。遮熱加工のカーテン生地を合皮に合わせた素材は、ニュートラルな個性を発揮。フェミニンなシャツスタイルにもアクセント小物としてコーディネートできる。両サイドと内側にもポケットがあり、使いがっても◎。サイズ：32×28×19cm、350g

バッグ／アクリリック　右：白ロングカーディガン／エレファン（CPR トウキョウ）　ブラウス、黒パンツ／ジョルジュ・レッシュ（イトキン カスタマーサービス）
ネックレス／imac　靴／アルテミス by ダイアナ　イヤリング／アクリリック　左：オレンジロングシャツ／splendid（Amazon.co.jp）　白パンツ／ミセスジーナゴールド（タカヤ商事）
ネックレス／ジョルジュ・レッシュ（イトキン カスタマーサービス）　靴／ワシントン（ワシントン エ スタジオ）　サングラス／アビステ

年を重ねて **6**

# アクセサリーが扱いにくい

**NG**

重さが気になる、留め金のかけはずしなど、年とともにこれまでのようなアクセサリーをするのが面倒になってくる。

## 軽量素材や磁石を利用した画期的なアクセサリーを

いくらインパクトのあるボリュームネックレスが素敵だからといっても、重く感じるようでは、つけるのが苦になってしまいます。そんな世代にもぴったりなのが、軽素材で作ったものや、留め金のかわりに磁石を使用したアクセサリーです。

よく知られているのがコットンパールで、どんなに大粒のデザインでも軽く、首に負担がかかりません。同じようにアクリルやプラスチック、布などの素材を利用したアクセサリーも軽く、本物のジュエリーとは違うモダンな雰囲気が楽しめます。一方でアクセサリーの留め金をするのが面倒という声も。そういう方には留め金のかわりに磁石を使ったアクセサリーがおすすめ。ワンタッチで着脱できるのでとても便利です。

## おすすめ軽量アクセサリー

コットンパールの軽さとつや消しの光沢感は
大人の上品スタイルに欠かせません

**Point**

つや消しの光沢が上品な大人の着こなしにマッチする。大粒でもコットンなので軽く、肩がこらない。

**Point**

リボンを通して結ぶこともできる。結び方で長さを調節できるので、チョーカーのように短くつけることも。

**Point**

リボンをはずして、そのままシンプルに使うことも。機能を利用して何通りにもつけこなせるお得なアイテム。

111gという軽さはほぼスマホと同じ。その軽さがマチュア世代には最大のメリットに。いぶしの光沢感は、大粒でもピカピカしすぎないのでコスチュームジュエリーなのに安っぽくならない。リボンで長さを調節できるタイプなので、表情を変えてつけられるのもうれしい。

47　コットンパールネックレス／プティローブノアー　ワンピース／エレファン（CPR トウキョウ）　靴／GOHAN

# 軽量アクセサリーを上手にとり入れましょう

若いころからおしゃれを楽しんできた青木さんには、アクセサリーも面白みのある大胆なデザインのものなどにチャレンジしてほしいと思います。

たとえば、今回青木さんにつけてもらった黒のネックレス。これは小さいモチーフをいくつもまとめてネックレスにしたもの。ひとつひとつは小さなプラスチックですが、全体で見るとボリュームたっぷり。木の葉が揺れるようなやさしい雰囲気と、インパクトのある黒の強さをあわせ持ち、フェミニンな服にもカジュアルな服にもつけられます。

ジュエリーをつけるより、洗練された印象になります。

なかにはコスチュームジュエリーは安っぽくてつけられないという方もいますが、それこそひと昔前のファッションの考え方。今はアクリルやプラスチックなどを使った、軽くて魅力的なアクセサリーがいっぱいあり、デイリーには本物

**ありがち コーデ例**

## おしゃれプロフィール

### 青木詠子さん（61歳）

若いころに少しだけモデルの経験がある青木さん。仕事をやめたあともおしゃれは大好きで、ミニ、マキシからボディコンまで、その時々のトレンドを楽しんできたそうです。今でも"着たいものは着る!"主義は変わらないそうですが、似合うと思って鏡に向かったら、思っていたほどではなく、「あれっ？みたいな（笑）。そんなときは、やはり年齢を感じますね。ちょっとさびしい気も」。パンツスタイルが好きでスポーティーなスタイルが多いとのことですが、どこかにエレガントな要素のあるものを意識して選んでいるそうです。NYで服のデザイナーをしている息子さんの影響からか、最近ファッションへの新たな興味がわいてきたとか。おしゃれへのチャレンジングな姿勢をいつも持っていたいそうです。

**軽くてインパクトのある 軽量アクセサリー**

54g
11g
35g
10g
32g
58g

ネックレス：右から　ビジューとメッシュのペンダントヘッドのチョーカー（47cm）／布製ボールチェーンネックレス6連（長い1連）／黒プラスチックネックレス（95cm）／ワイヤーチョーカー　バングル：変形式シルバーバングル（54g）　ブローチ：シルバー丸型

アクセサリー：黒ネックレス／ポートビラ　イエロー×ベージュネックレス／CITRUS（伊勢丹新宿店）白ビジューチョーカー／ヒロココンノ（ヒロココシノインターナショナル）　シルバーブローチ，黒楕円チョーカー／アクリリック

同じアクセで印象変え A

## プラスチックモチーフをつなげた
## アイディアネックレス

プラスチック製の木の葉形モチーフをいくつもつなげただけのネックレス。軽やかな形状が、エアリーなブラウスの雰囲気にぴったり。黒1色でボリューミーだけど、素材感に軽さがあるので重くならずにつけられる。(13g・58cm)

同じアクセで印象変え B

## ロングカーデに合わせれば
## 胸元にモダンな凹凸感

重量は軽くてもボリュームがあるネックレスなので、重さが負担にならずに胸元にアクセントをつけることができる。無地のロングカーデはアクセントがないとのっぺりしがちなので、凹凸のあるネックレスをプラスしてエレガントな動きを出す。

# 磁石を利用して着脱できる最新アクセサリーを

万年さんのように子育てや介護など、それまで追われていたことから解放されたタイミングで、若いころのファッションへの情熱をとり戻される方がたくさんいます。そんなマチュア世代にとって重要なのが、着脱がラクなこと。特にネックレスの留め金がうまく留められない、ブローチのピンがうまく刺せないなど、アクセサリー着脱時の不自由さはストレスのもと。ところが、最新のアクセサリーには留め金やピンのかわりに磁石を使うものが登場。ワンタッチ式で留められるので、着脱に時間も手間もかかりません。磁石式のアクセサリーは、ネックレスからブローチ、バングルまでさまざまなアイテムがあります。

"着こなし方"をランクアップするアクセサリーは、おしゃれのかなめ。着脱のラクなアクセサリーを味方にして、さらなる着こなし上手を目ざしてください。

**ありがちコーデ例**

## おしゃれプロフィール

### 万年和代さん（58歳）

専業主婦として2人の息子さんを夢中で育ててこられたという万年さん。「ハマトラ世代です。若いころは、雑誌を見て元町に通いました。でも子育て中はトレーナーとジーンズで、一年じゅう動きやすい格好でいました」。そんな万年さんがおしゃれの大切さに再び気がついたのは、数年前に出かけたクラス会。「輝いて見える人とそうでない人の違いは、顔立ちの美しさよりむしろ、服のセレクトと着こなし方に違いがある」と思ったそうです。それからは少し値段が高くても、上質で着こなしに工夫ができそうなものを選ぶようにしています。「自分を輝かせてくれるうえで大切なのは着こなし方ですね。意識するか、しないかで、年を重ねていくほどその差が開いていくように思います」

### 磁石で留めるタイプだから簡単着脱のアクセサリー

ネックレス：右から　ワイヤータイプ（長さ41cm）／紺のラバーチェーン（長さ51cm）／シルバーメッシュ（長さ46cm）／オレンジプラスチック（長さ41.5cm）
ブローチ：ファーつきスクエア（7.5×5cm）／茶ビジュー（7×8cm）　バングル（24cm）

服やスカーフの裏から磁石で留めるので、布に傷がつかない。強力な磁石は、バッグなど革製品にもOK。

バングルのジョイント部分が磁石に。片手でもラクにつけられるので、お出かけ時にあわてずにすむ。

アクセサリー：オレンジネックレス／imac　シルバーネックレス／アクリリック　紺のネックレス／アビステ
黒スクエアブローチ、カーデ／ジョルジュ・レッシュ（イトキン カスタマーサービス）　黒×白バングル／アビステ

同じアクセで印象変え A

### 穴をあけずにつけられるから
### 大事なシルクのスーツにも

磁石使いのブローチをスーツのえりに。シルク100％の高級素材のスーツにも穴をあけることなくつけられるので安心。まん中にビジューをあしらったオーガンジー使いのデザインは、お祝いの席など、フォーマルなシーンにも最適。上品なベージュピンクで色をそろえた、甘さのあるきちんとスタイル。

同じアクセで印象変え B

### かたいえりにもつけられるから
### つけこなし術が上達します

シャツえりのまん中に大きなブローチをつけたスタイル。ピン留めブローチだとシャツのかたい台えりにはつけにくいが、磁石式ならワンタッチでとりはずしが可能。こまかいこと、力のかかる作業が苦手な世代にはとり入れたい最新テクノロジー。バッグなどの革につけても落ちないので、いろいろな使い方ができる。

下：白シャツ／ジョルジュ・レッシュ（イトキン カスタマーサービス）

> 心がけで
> 5歳見違える

**60歳からの
おしゃれの
気がまえ**

### Column 1 「姿勢」

# 伸びた背筋が教えてくれる
# 年齢とその人と

　百貨店で行っているパーソナルファッションアドバイスのコンサルでは、いろいろな女性に出会います。50〜60代の方が主ですが、70代、80代の方もお見えになります。いくつになってもおしゃれに対する情熱を維持されているだけあって皆さん若々しく素敵な方ばかりですが、姿勢には年齢があらわれる気がします。「たかが姿勢」であるため、むしろ無防備になってしまう部分なのかもしれません。

　コンサルでは7、8着の服をお召しになっていただきます。最初は着ることに気持ちを集中していただきたいので、姿勢の話は持ち出しません。スタイリングしたものを2、3ポーズ試して、お互い気持ちも打ち解けてきたころに初めて、「少しだけ背筋を伸ばしてみましょう」とお声がけします。そのころになるとお客さまも試着の雰囲気に慣れてきて、服以外のアドバイスをスッと受け止めてくださいます。

　シャンと背筋を伸ばした鏡の中のご自身の姿を見て、「そうねえ、素敵な服を着るだけではだめね。服がよく見えるように着る側ができるだけ形をととのえてあげないと」と、着こなしと姿勢の切っても切れない関係に気づいてくださる方がほとんどです。なかにはたった1時間のコンサルの中で、5〜6歳若返った方や、何キロもシェイプアップしたように変身される方も。背筋が伸びれば気持ちも若返るのでしょう。お帰りになるときの変貌を目の当たりにすると、うれしさとともに背筋を伸ばすことの大切さを身にしみて感じるのです。

# Part 2

# 体型の変化に合わせたおしゃれスイッチのヒント

無意識でいると
丸みを帯びる背中、厚みが増す下腹、
加速するO脚など……
年を重ねて変わってきた体型。
かといって体を締めつけ補正するのは、
気がすすまないものです。
そんなときこそ、
これまでのファッションを見直すタイミング。
今までのおしゃれテイストから
考え方をちょっぴりスイッチして、
新しいおしゃれにチャレンジしてみましょう。

スイッチの
ヒント
**1**

# 背中が丸くなってきた

年とともにねこ背が目立つように。老けた印象になるので、着るものでカバーしたい。どんな着こなし方をすれば丸まった背中が目立たなくなりますか。

**A**

背中の丸みから視線をそらせる**A**ラインや**I**ラインのシルエットをとり入れましょう。

## シルエットをつくって全体の印象で見せることが大切です

年齢を感じさせる理由のひとつがねこ背です。無意識なときの鏡に映った横姿を見てハッとしたことがある、という方も多いと思います。普段から姿勢を正していることはもちろんですが、洋服の力を借りてねこ背を目立たなくすることもできます。

ポイントは全体のシルエットで着こなしを考えること。裾に向かって広がる「A」の形に似たラインのシルエットは、丸くなった背中部分をスルーさせて視線を下に集めます。一方、上下に視線を流す「I」の形につくるラインは、すっきりした縦長シルエットで、背中を包み込んで目立たなくします。

どちらもポイントはそのシルエットをつくるための服選びです。Aラインならテントシルエットと呼ばれる大きく裾が広がったトップ、Iラインなら縦長感をつくる色や形の組み合わせとセレクトで、背筋が伸びた印象を演出します。

## 基本のAライン

サイドにヨーク（切りかえ）が入っているため、裾がドレープ状に広がって見えるテントシルエットのカットソーチュニック。

## ねこ背を攻略！
### Select Point!

**1**
裾にかけて広がった「A」ラインのシルエットで、背中から視線をそらせる。

**2**
全体を「I」ラインの縦長シルエットにして、背中の丸みを目立たせない。

**3**
丸みのある背中部分をカバーするデザインやディテールのあるものを選ぶ。

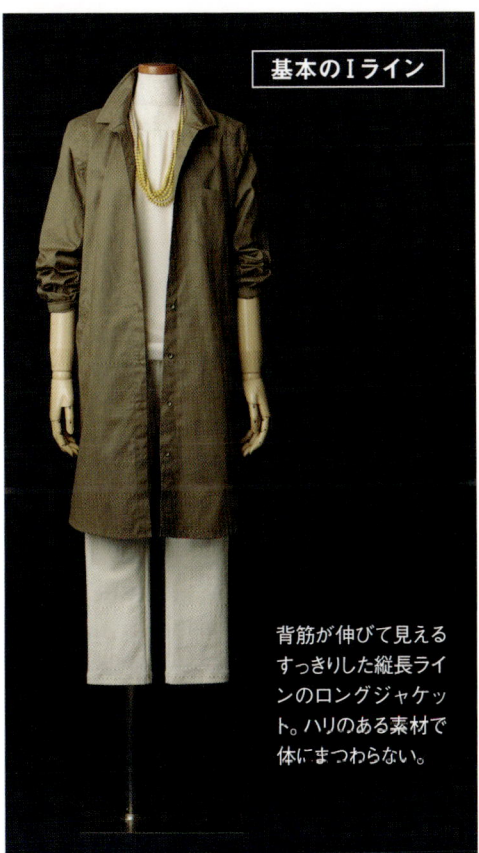

## 基本のIライン

背筋が伸びて見えるすっきりした縦長ラインのロングジャケット。ハリのある素材で体にまつわらない。

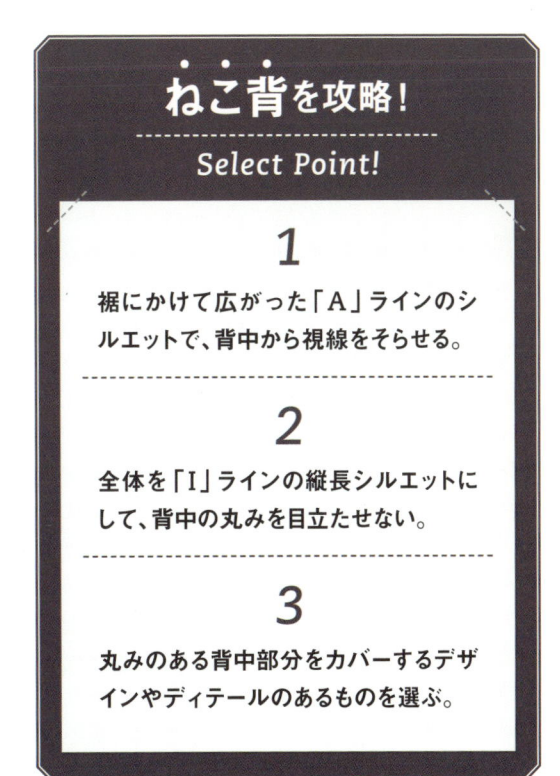

肩から背中にかけて2枚仕立てになっているので、背中のラインが完全にカムフラージュされる。

ワイヤーが入ったえりを立てると、首筋から肩にかけてのラインが固定され、背筋が伸びた印象に。

背中はコットンニットとシルクの異素材コンビ。生地に動きが出て背中の丸みをカムフラージュする。

サイドに大きく入ったヨークがAラインを強調するとともに、ドレープとなって揺れ感を出す。

上：ニット／セラッチ ジャポン　下：白インナー／テセラ（ニッセン）　パンツ／トランク ヒロココシノ（ヒロココシノインターナショナル）　ネックレス／CITRUS（伊勢丹新宿店）

**Point**

布をたっぷり使ってゆらゆらと動くヘムライン。長めの丈が視線をさらに背中の丸みから遠ざける。

## 基本のAライン

### テントのように広がった裾のラインで背中をカバー

ポリエステル100％のさらさらした素材感で、テントシルエットの動きをさらにアップさせた長め丈のチュニック。ビッグシルエットなのでボトムはスリムなパンツでコンパクトに抑えるのがポイント。太めのパンツに合わせると、重たく見えるうえ、広がったヘムラインが目立たずカバー力も低下するので注意。

黒パンツ／テセラ（ニッセン）　ネックレス／アビステ　靴／ワシントン（ワシントン エ スタジオ）

2枚の異素材ヒダをつけたふんわり裾

背中のボックスプリーツで華やかヘムライン

後ろ身ごろは同系色のチュールとキュプラのヒダをアレンジ。ドレープで背中の丸みをカムフラージュ。

前から見るとシンプルなカーディガン、後ろはドレープがエレガントなブラウス風と、前後でイメージが大きく異なる旬の雰囲気を持つニット。背中の2枚重ねのヒダ使いによって、後ろの裾だけが大きく広がったデザイン。気になる丸みから視線をそらせる。

前身ごろより、やや長めの後ろ身ごろにはボックスプリーツが。キュートなアレンジで背中をカバー。

後ろのヘムラインがボックスプリーツになったニットブラウス。ボリュームとインパクトがあり、視線を裾に集める。遊びのあるディテールを生かすために、ボトムはスリムなデニムを合わせてメリハリを。ロングネックレスとサンダルもトップに合わせてオフホワイトトーンでまとめる。

右：ベージュニット／セラッチ ジャポン　デニム／レッドカード（ゲストリスト）　ネックレス／imac　ベルト／モディファイ 日本橋三越本店
靴／クラークス（クラークス ジャパン）　左：白パンツ／KEI Hayama PLUS　バッグ／グレイセラ（イトキン カスタマーサービス）　靴／クラークス（クラークス ジャパン）

**Point**

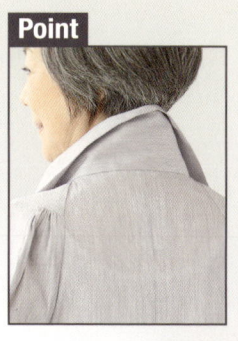

コートのえり立ては背筋をピンと見せる有効テクニック。立てたえりから腰までを一直線に見せる。

**Point**

ふくらんだ両側のスリーブからタックをとるような変形切りかえで、背中を狭く見せる効果が。

## 基本のIライン

縦長感を強調する細ストライプの
ロング丈コート風ブラウスで

長さのある布帛のはおり物は、Iライン効果の高いアイテム。ピンストライプで縦長感を強調し、えりを立たせてシャンと着こなす。パフスリーブのように見えるボリュームのあるスリーブが背中の丸みから視線をのがす。シルエットとディテールで背中をカバーするテクニック。

パンツ／バジーレ28（ファイブフォックス カスタマーサービス）　ネックレス／アクリリック

## 繊細なディテールで丸みをカバーするシャツ

## 活躍度の高いストール風のニットジレ

ヘンリーネックのストンとしたシルエットのシャツで、エレガントな着こなしを楽しみながら気になる部分をカバーする。体にまつわらない薄いコットンは透け感があり、アンダーとの2枚重ねで着るので、ボディーラインをごまかしやすい。刺しゅうのモチーフ使いも目隠しに。

丸みの目立つ部分に入った刺しゅうのモチーフ。2枚重ねの透け感素材もカムフラージュには有効カード。

シャツやカットソーに重ねて背中部分をカバーしながら、縦ラインを演出する優秀アイテム。気になる部分はニットの切りかえを使ってさらに目隠し効果が。裾にかけてストールのような豊かなドレープが入っているので、IラインとAラインをミックスしたようなシルエットをつくる。

高い位置にリブ編みが入り、切りかえから裾にかけ、なだらかに広がったバックデザイン。

右:白シャツ/トランク ヒロココシノ(ヒロココシノインターナショナル)　パンツ/ピッコーネ クラブ(ピキジャパン)　ブレスレット/モディノァイ 日本橋三越本店　靴/ワシントン(銀座ワシントン銀座本店)　左:白ロングシャツ、グレーパンツ/バジーレ28(ファイブフォックス カスタマーサービス)　イヤリング/アクリリック　靴/GOHAN

## スイッチのヒント 2

## 下腹がぽっこりしている

とくに太っているわけではないのに、下腹だけがぽっこり出ています。目立たないような服選びのコツを教えてください。

### A　ふくらみを目立たせないデザインの服選びと重ね着のテクニックを身につけましょう。

### 着こなし方やディテールでおなか部分にアクセントを

おなかぽっこりは年齢を感じさせるだけでなく、洗練された印象を妨げるので、テクニックを駆使してなんとか目立たないようにしたいものです。カムフラージュの基本的な考え方は「その部分にアクセントをつけること」。ドレープ（流れ）やレイヤー（重なり）で、ディテールを演出してアクセントをつけ、下腹部の丸みから視線をはずします。

ドレープはフロントからサイドにかけて流れのあるもの、または部分ギャザーによるものなどがあります。前身ごろにデザインされることが多いので、おなかカバーに最適です。

レイヤーは丈の長いトップと短いトップを重ねてつくるアクセントで、いわゆる重ね着によって演出。はおった短丈のトップの裾から下の長丈アイテムの裾を出すことで、目隠し効果をねらいます。全身を動きのある印象にコーディネートしつつ、ウエストまわりをカムフラージュします。

## 下腹ぽっこりを攻略！ Select Point!

**1** ドレープをアクセントにしたデザインでおなかを目立たせなくする。

**2** 動きのあるレイヤースタイルの着こなしでおなか部分をカバーする。

**3** ウエストやフロント部分にアクセント効果のあるアイテムを選ぶ。

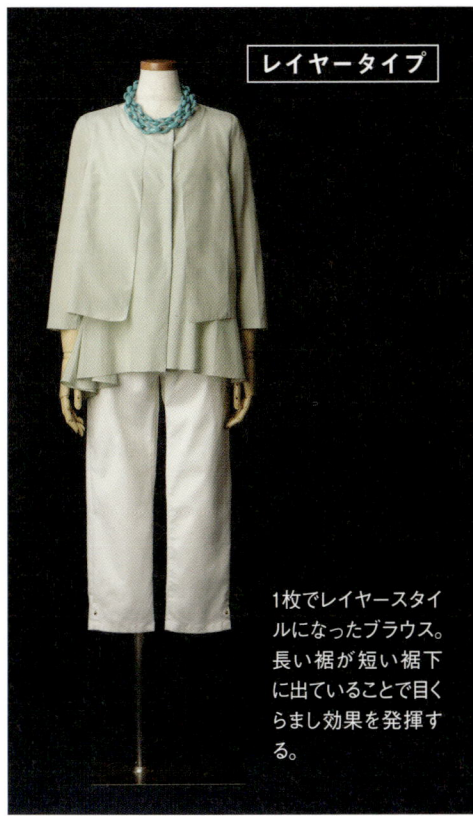

### レイヤータイプ

1枚でレイヤースタイルになったブラウス。長い裾が短い裾下に出ていることで目くらまし効果を発揮する。

たっぷりのヒダ使いが実際のボリュームをごまかす。おなかだけでなくヒップ周辺もすっきり。

ウエストから下腹にかけてフレアが入ったAライン。体にまつわりつかない素材でぽっこり部分を目立たせない。

### ドレープタイプ

カシュクールのようにフロント全体に入ったギャザーでアクセントをつけ、上半身全体のボリュームをカットする。

ウエストより上にギャザーを入れて視線をおなかから遠ざける。ウエストに切りかえがあるワンピースに多い。

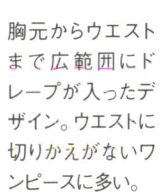

胸元からウエストまで広範囲にドレープが入ったデザイン。ウエストに切りかえがないワンピースに多い。

右：ネックレス／ポートビラ　左：白パンツ／KEI Hayama PLUS

## ドレープタイプ

### 単色スタイルに欠かせないフロントドレープ

**Point**

胸元からサイドにかけて大きく入ったドレープによって体にまつわりつかず、気になるおなかをカバー。

ボディーラインが目立つ無地のトップも、前身ごろにドレープが入ったデザインだとウエスト部分がカムフラージュできる。後ろ身ごろはジャージー素材でラクな着心地、前身ごろはトリアセテートやポリエステルなどまつわりのないさらりとした生地でドレープの落ち感をフォローする。

黒ノースリーブブラウス／バジーレ28（ファイブフォックス カスタマーサービス）　パンツ／テセラ（ニッセン）　ストール／アチエ・デ・コンプレックス ビズ 表参道店
ネックレス／アヒスケ　靴／クフークス（クフークス ジャパン）

## タックの入った立体的なフォルムを利用

両サイドにタックを入れて、自然なドレープをつくったプルオーバーブラウス。ドレープの華やかさは少ないが、シンプルモダンな着こなしが楽しめる。同系色のストールを合わせて上品な印象に。ロングネックレスやサンダルも白で統一してトータル感を出す。

わきのタックでウエストまわりに立体的なふくらみができるので、気になる部分を確実にカバーする。

## サイドのシャーリングと柄で目くらまし効果

前は柄、後ろは白の身ごろで、サイドの合わせの部分をシャーリング仕様にしたチュニック。柄でボリュームをごまかしつつ、シャーリングがつくる生地の流れ感でカムフラージュする。チュニックの柄に合わせたオレンジのパンツでビタミンカラーのコーディネートを楽しむ。

前後の合わせ部分がシャーリングになったデザイン。ウエストとヒップのどちらもボリュームダウン。

右：グレーノースリーブブラウス／To Black KEIKO KISHI（ノッシュ）　グレーパンツ／スタジオ ピッコーネ（ピキジャパン）　ストール／フェリーチェ・レガーロ（インターモード川辺）　ネックレス／アビステ　靴／グレイセラ（イトキン メビウス カスタマーサービス）　左：オレンジ×白プリントカットソー、オレンジパンツ／テセラ（ニッセン）　珊瑚ネックレス／キョウヤ（京屋）　靴／アルテミス by ダイアナ

## レイヤータイプ

### ふんわりチュニックの裾をおしゃれにのぞかせて

**Point**

前立てがストールのようになっているので、チュニックだけでも強力な目隠し効果を持つ。

ケープのようなシルエットの短丈ジャケットと、フロントにボリューミーなアレンジがあるチュニックを組み合わせたレイヤースタイル。クロップトパンツとネックレス、プラットフォームのサンダルを黒でまとめたなかに、鮮やかなバッグのイエローをきかせたモダンな色合わせがおしゃれ。

ツイードジャケット／エレファン（CPRトウキョウ）　黒パンツ／バジーレ28（ファイブフォックス カスタマーサービス）　バッグ／アクリリック

## 透ける素材のブラウスにボーダーを合わせて

カットソー素材のものを下に着るときは、素材にフィット感があるので無地ではなくボーダーなど柄物を合わせる。おなかまわりのボディーラインが出ても、柄の目隠し効果があるので気にならない。と同時に柄のアクセントで透け感トップにも動きが出る。

カットソーなどボディーラインをひろう素材のときは、ボーダーなどの柄物を選ぶのがコツ。

## ノーカラージャケットは裾出しでカジュアルに

丈の短いノーカラージャケットとデニムを組み合わせたカジュアルなコーディネートのときは、下に着たインナーの裾を出して着こなすのがコツ。処理のむずかしいデニムのウエストまわりを隠し、気になるおなか周辺のふくらみを目隠しする。

インナーの裾をインにすると、おなかぽっこりが目立ち、さらにおしゃれな印象もなくなる。

右:白珊瑚ネックレス／キョウヤ（京屋）　左:黒ハーフパンツ／エレファン（CPR トウキョウ）　ネックレス／アビステ

スイッチの
ヒント
3

## ○脚が気になる

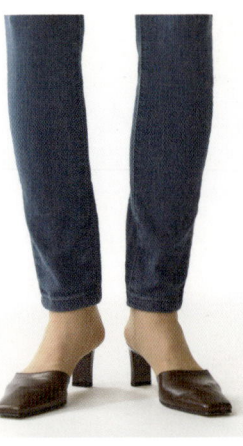

年齢とともにＯ脚が目立ってきました。膝と膝がくっつかないので、何を着ても足元がスマートに見えません。

**A** 間があいた膝部分を隠すシルエットのボトムを選べば気にならなくなります。

### スカートなら膝丈より長めに パンツなら太めラインで

若いころはＯ脚でなくても年齢とともに脚が細くなったり、外側の軟骨が減って膝頭同士がくっつかなくなる方は意外と多いようです。カムフラージュするにはシルエットを出さない、見せないに尽きます。

スカートならふんわりとしたシルエットでふくらはぎ丈くらいまでの長さのものを、パンツならやや太めのものやワイドパンツなどもいいでしょう。ただしボトムにボリュームが出てくるので、トップや足元をすっきりとさせたコーディネートでバランスをとりましょう。

問題はむしろ脚に対する考え方です。「脚は細ければ美脚」と思っている方がマチュア世代にも案外多く、そのカン違いでスキニーデニムやレギンスをはくと、貧相な印象にもなりかねません。年齢を重ねたら、ボトムはゆとりのあるシルエットにしたほうが上品なイメージになります。Ｏ脚を逆手にとって品のいいおしゃれにシフトしてみましょう。

66

## O脚を攻略！
### Select Point!

**1**
スカートは膝より長いふくらはぎくらいまでの丈で開きを隠す。

**2**
パンツはゆとりのあるラインで膝の開きをカムフラージュする。

**3**
裾に動きのあるデザインのスカートで脚のラインをごまかす。

### スカートタイプ

バルーンシルエットでO脚をカバーするスカート。裾のデザインでふくらはぎから下も目立たせない。

膝下に切りかえのあるバルーンスカート。立体的な動きのあるデザインでO脚ラインをごまかす。

### パンツタイプ

裾広がりのガウチョパンツはO脚カバーに最適。気になる部分をすっぽりおおうシルエット。

脚のラインをカムフラージュする太めシルエットのパンツ。ふくらはぎまでの長さは必要。

落ち感のある素材のパンツだと脚にまつわりつかず、縦のシルエットが強調される。

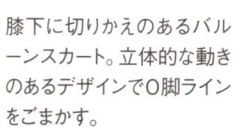

上：オレンジボレロ／グレイセラ（イトキン メビウス カスタマーサービス）　ネックレス／お世話や　靴／ワシントン（ワシントン エ スタジオ）
下：チェックブラウス／モディファイ 日本橋三越本店　ネックレス／ポートビラ

## スカートタイプ

### たっぷり入ったギャザーでガーリーな着こなしを

**Point**

ギャザーが下にいくにつれてフレアに変わっていくデザイン。縫い止めされたギャザーで、おなかまわりも膨張して見えない。

サックスグレーのギャザースカートで清潔な印象をつくりながらO脚をカバーする。ボレロを合わせて着こなすと、若々しさいっぱいの着こなしに。ボリュームのあるふくらはぎ丈のスカートには、パンプスだと一時代前の印象に。足元はフラットヒールのスリッポンでまとめる。

白ボレロ／A/C DESIGN BY ALPHA CUBIC（Amazon.co.jp）　スカート／三越伊勢丹通販 I'm　ネックレス／アビステ　バッグ／ワシントン（銀座ワシントン銀座本店）　靴／fitfit

## イレギュラーの裾でシャープなヘムラインを

立体的なフォルムで鋭角的な印象のスカート。前部分が下がったような面白みのある裾のデザインがアクセントになり、気になる脚の開きから視線をはずす効果がある。カーディガンやベレーを合わせて、大人のセンスと個性の光るスタイルに。

二重になったフロント部分が前下がりになったペーパークラフトのようなデザイン。

## 揺れ感のあるチュールのスカートで目隠し

黒白2枚のチュールを重ねたスカートとパーカを組み合わせたトレンディーな着こなし。重ねたチュールの揺れ感が、広がった脚のラインをごまかす。動きのある裾さばきで膝部分だけでなく、裾から下の脚の開きもカムフラージュできるベストアイテム。

チュール使いの動きのある裾のデザインが脚のラインをおしゃれに隠す。白チュールがアクセントに。

右：ベージュパーカ／グレイセラ（イトキン メビウス カスタマーサービス）　リュック／PORTA FORTUNA（Amazon.co.jp）　サングラス、ネックレス／アビステ　ハイソックス／セヴォ（ワコール）　左：ボーダースカート／AUTOCOUTURE（伊勢丹新宿店）　帽子／マオズ（F.I.S）

## パンツタイプ

### 白いワイドパンツで上品に脚のラインをカバーします

**Point**

ワイドパンツの場合、脚にまつわらないハリ感のある素材がマスト。すっきり縦長ラインに見せてくれる。

マチュア世代には相性のいい太めシルエットのパンツ。ゆったりとしたラインとエレガントな白の相乗効果で、気になる部分を隠しながら着こなしもクラスアップ。透け感のある黒に近い紺のニットをメインに、白黒の小物をバランスよく使ったコーディネート。

ネイビーニット／A/C DESIGN BY ALPHA CUBIC（Amazon.co.jp）　白パンツ／タバサ（ピー・エックス）　バッグ／ニコリ（オフィス アール＆ワイ）
ネックレス／お世話や　靴／fitfit

## ワザありシルエットの優秀ガウチョパンツで

膝の部分がふくらんで、裾が少しすぼまったO脚カバーにぴったりのデザイン。足元には重みのあるブーティーを合わせてトレンド感のあるパンツの雰囲気を強調。モノトーンのアンサンブルニットを合わせて、大人のフレンチカジュアルを楽しむ。

気になる膝はカムフラージュし、足首の細さだけを強調する先すぼまりのシルエット。

## てろっとした素材のときはプリントでカバー

コントラストの強いプリントは脚のラインを目立たなくする効果を持つ。まつわり感のあるてろっとした素材のパンツを選ぶときは、このような視覚効果のある強いプリントのものを。ジャケットとインナー、サンダルも黒白でそろえたトータル感のあるスタイル。

黒白などのコントラストの強いプリントには、ボディーラインをごまかす視覚効果が。

右：白ジャケット／グレイセラ（イトキン メビウス カスタマーサービス）　パンツ／ella moss（Amazon.co.jp）　ネックレス／ジョルジュ・レッシュ（イトキン カスタマーリービス）
左：グレーカーディガン、ニット／セラッチ ジャポン　黒パンツ／IVAN GRUNDAHL（伊勢丹新宿店）　靴／クラークス（クラークス ジャパン）

## スイッチのヒント 4

## 苦しいおしゃれはしたくない

締めつける苦しい服はもうイヤ。ラクな着心地でも、ラフにならない着こなしのコツはありますか？

### A デザインと素材、下着の選び方で体にやさしいおしゃれが楽しめます。

### 伸縮性のある素材とゆったりデザインを基本に選びます

着ていてラクな服はたくさんありますが、それだけで選んでしまうと、日常服のような印象になってしまうことがあります。着心地がよく、お出かけ着としても活躍する服の選び方はシルエットのバランスにあります。ゆったりしたシルエットのアイテムを着るときは、組み合わせるアイテムに少しだけフィット感のあるものを選びましょう。メリハリのあるスタイルになり、ホームウエアのイメージから脱け出すことができます。

一方で伸縮性があり締めつけのない素材は意外とボディーラインが表に響く傾向があります。ヒップや背中、わきの下にはみ出た脂肪のラインが気になるときは、ジャストサイズ、もしくはゆとりのある補正下着を利用してみましょう。くれぐれも小さめのサイズは選ばぬように。段々の脂肪をさらに目立たせることになります。体のラインをととのえる程度のつけ心地のよいものを選びます。

72

## 苦しいおしゃれを攻略!
### Select Point!

**1**
"ゆったり"と"フィット"のメリハリをつけたアイテムを組み合わせる。

**2**
体を締めつけない伸縮性のある素材のものを選ぶ。

**3**
服によっては、きつすぎない補正下着を利用する。

---

**ゆったりデザイン**

トップがゆったりしたシルエットのときは、コンパクトな引き締め色ボトムを選んでバランスをとる。

---

**Select**

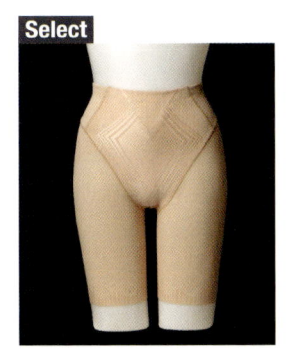

パンツスタイルに欠かせない膝丈ソフトガードル。ジャストサイズを選び、ラインをととのえる。

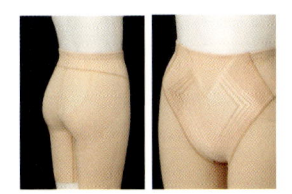

気になるおなか部分やヒップのボリュームをととのえる快適引き締め。締めつけがないので、ラクにつけていられる。

**Select**

肌あたりのやさしいブラキャミソールで、締めつけ感なく上半身のラインをととのえる。

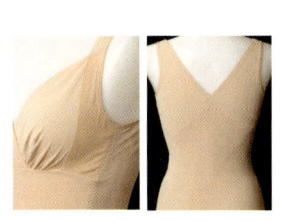

両側に流れやすいバストラインをととのえるので、前から見たときに細見えに。背中のブラのくい込みもフラットにのがして。

---

**アウターと下着**

白パンツやスリムなカットソーなどボディーラインが出やすいアイテムには、ラクなつけ心地の下着で。

---

右下：グリーンカットソー／ヒロココシノ（ヒロココシノインターナショナル）　靴／fitfit　左上：黒×グレーボーダーカットソー／MIYAO（伊勢丹新宿店）　サングラス／アビステ　バッグ／ニコリ（オフィス アール＆ワイ）　靴／ROCKPORT（Amazon.co.jp）　（下着）ベージュキャミシェイパー、ガードル／ラゼ（ワコール）

## ゆったりデザイン

ワンピースでゆったりなら
レギンスで引き締め感を

涼感たっぷりの楊柳ワンピースはゆとりのあるシルエットに加え、伸縮性もバツグン。このゆるラク感を黒のレギンスで引き締めてアクセントをつけるのが着こなしのポイント。ネックレスやスリッポンシューズなど、小物使いにもスパイスをきかせてお出かけ着に格上げする。

ネックレス／ポートビラ　バッグ／アクリリック　靴／クラークス オリジナルズ（クラークス ジャパン）

さらさらやさしい素材できちんと感を演出

ロングチュニックはスリムな黒パンツで

あらたまったお出かけに活躍するのが、シフォンなどやわらかで透け感のある素材のアイテム。ウエストがゴム仕様で、きちんと見えるのに締めつけ感がないツーピース。上下セットアップで持っているとフォーマル感が増し、華やかな雰囲気もアップ。ソフトな素材感とフェミニンなデザインのバランスがセレクトのポイントに。

長め丈のチュニックは着心地がラクでスタイルもつくりやすい便利なアイテム。レオパード柄のブラウスを重ね着して個性的に。黒のスリムパンツで引き締めた印象で着こなすのがコツ。デニムや太めのパンツなどを合わせてしまうと、マチュアのお出かけ着としてきちんとした印象が不足する。

右：靴／クラークス（クラークス ジャパン）　左：ベージュジャケット、スカート／MAISON DE WOMAN（伊勢丹新宿店）　ネックレス／ヒロココシノ（ヒロココシノインターナショナル）　靴／ワシントン（銀座ワシントン銀座本店）　バッグ／ニコリ（オフィス アール＆ワイ）

## アウターと下着

### 下着力を借りて伸縮素材のワンピースも自信UP

**Select**

季節を選ばないでつけられる涼感のあるメッシュ素材。ほどよいパワーの胸寄せ効果があるので、バストラインを補正してきれいに見せる。

**Select**

広範囲にウエスト部分をサポートするおなかシェイプボトム。薄い素材のアウターのときに、わき腹のダブつきを抑えて見せるソフトパワーショーツ。

着心地がいい半面、ボディーラインが出やすいのがジャージー素材。ソフトパワーのカップつきキャミソールとショーツで肉感を抑えるとすっきりした着こなしに。下着のほどよいシェイプ感でよそいきスタイルをさらに格上げする。

(下着)黒カップつきトップス、ショーツ／ルシアン　黒白柄ワンピース／MAISON DE WOMAN(伊勢丹新宿店)　バッグ／ニコリ(オフィス アール＆ワイ)

バイヤス仕立てのスカートをすっきりと

ヒップや太ももが気になる白系パンツにも

おなかのラインにフィットするシルク100％の着心地のいいバイヤス仕立てのスカートには、下着の力がマスト。おなかに特化したウエストベルトが効果的。スカートスタイルに便利なペチコートつき。

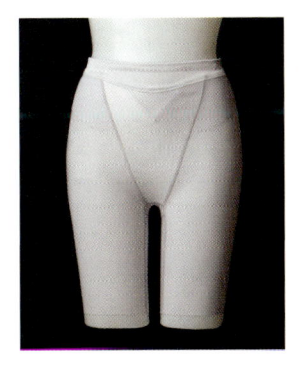

ボリューム感とインナーのラインが出やすい白っぽいパンツには膝丈のソフトガードルを。ヒップから太ももまでのラインをととのえ、すっきりしたパンツスタイルに。黒トップできれいめに着こなす。

ウエスト部分についたパワーネットで、おなかぽっこりをやさしくシェイプ。ペチコートつきなので何枚も下着を重ねずにすみ、すっきり。

上質コットンのソフトガードルなので、薄くさらりとした質感が心地よい。足腰サポートとしても欠かせないアイテム。

右：黒ジャケット／テセラ（ニッセン）　ベージュパンツ／グレイセラ（イトキン メビウス カスタマーサービス）　バッグ／ニコリ（オフィス アール＆ワイ）
靴／ワシントン（ワシントン E スタジオ）　右下：(下着) ライトグレーガードル／グラッピー（ワコール）　左：ネイビーカーディガン／トランク ヒロココシノ（ヒロココシノインターナショナル）
左下：(下着) ペチコートつきウエストベルト／シェイプ センセーション（トリンプ・インターナショナル・ジャパン）

> 心がけで
> 5歳見違える
>
> **60歳からの
> おしゃれの
> 気がまえ**

### Column 2「末端ケア」

## 小さな継続的なお手入れが
## 大人のおしゃれの秘訣

　マチュア世代でとても大切なのが、ヘアやお肌など小さな部分のケアです。おしゃれな服は着ているけれど、どことなく殺伐としている方を見かけると、たいていの場合がパサパサヘアだったり、潤い分の足りないカサついたお肌だったりします。こまかい部分への小さなお手入れですが、思いのほか全身に与える影響力は大きく、どんなに素敵な服を着ていても、そんな無神経さが見えると貧相な印象になってしまいます。反対に、お手入れしていることを感じさせるつや髪や透明感のある素肌、手や足、指先など末端部へのお手入れができている方は、それだけで気持ちや暮らしに余裕を感じさせます。パーソナルファッションアドバイスの場では、素足になっていただいたり、サンダルをおすすめしたりすることも多いのですが、突然のときでもきれいにケアされた指先の女性に出会うと、おしゃれの意識の高さに感じ入ります。

　日ごろから継続的なお手入れをすることは、とても地道で手間のかかること。誰の目にもわかりやすい高価な小物や洋服とは異なり、自己満足的な部分も大きい作業です。でも、その日々の積み重ねは確実にその人を美しく磨き、自信へと導き、服の着こなし方にも差となってあらわれてくると思います。

　年齢とともについおろそかになりがちで、しかも年齢が出てしまう細部のケアは、女性だけでなく同年代の男性にもいえること。常に気配りをして清潔感を保つことは、毎日の自分磨きと心得て、大人のたしなみとして身につけたいことのひとつですね。

# Part 3

# 加齢&体型カバーにもなる大人服計画

トップもボトムも、はおり物も
着心地のよいデザイン、素材の服が
ふえています。しかも、
気になる体型を同時にカバーするスグレもの!
この章では、そんな注目、おすすめのアイテム
を紹介します。
店頭につるされているのを見ただけでは
なかなかわからないディテールも
石田イズムで要チェック。
次の買い足し計画の参考にしてください。

## Item 1

### Long cardigan
# ロングカーディガン

#### 着心地の工夫

後ろのひも結びでゆとりを調節。体にフィットし、後ろ姿をおしゃれに見せてくれるうれしいディテール。

サイドに長いスリットが入っているので、ロング丈でも足さばきがよく、ヒップへのまつわりがない。

薄手でしなやかな落ち感があるので、下に着た服にまつわらず、きれいなシルエットをキープする。裾や前立て部分がリブ編みではなく断ち切りになっているので、よそいきの装いにも。

## 格上げカーデに出会うためのポイントは丈と素材の選び方

ロングカーディガンは、体にほどよくフィットして締めつけがなく、ウエストやヒップなど気になる部分も隠してくれるスグレもの。着脱がラクにできるため体温調節もスムーズで、季節を問わず活躍してくれる重宝なアイテムです。

そんな活躍ロングカーデの条件になるのが、丈と素材。丈は膝上から太ももまん中くらいの長さが、組み合わせ次第でエレガントにもカジュアルにも着こなせるバランスです。これより長いとエレガントさが増し、短いとカジュアルさが増します。

次に注目したいのは素材。ワンピースやブラウスに重ねても重くならない薄手素材がおすすめです。エアリーな動きが演出でき、お出かけ着としても活躍します。カーディガンというよりは、薄手のコートに近い着こなし方をしてみましょう。

80

## 着まわし コーディネート例

### 柄物ワンピースに1枚はおって コートがわりとして

着ていてラクで失敗のないワンピースとのコーディネート。薄手ジャージーなどすべる素材のワンピースを選ぶと、着ぶくれやまつわりを防ぎ、すっきりしたシルエットに。柄物アイテム＋無地カーデの組み合わせは、おしゃれの幅に変化が生まれ◎。

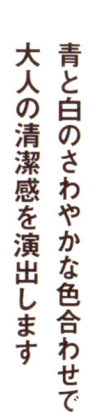

### 青と白のさわやかな色合わせで大人の清潔感を演出します

カーディガンをベースに、白を印象づけたフレッシュな着こなし。無地だけの組み合わせになると重たくなるので、同系色のギンガムチェックを入れて軽さを出す。ほどよい華やかさと上品な雰囲気の好感度の高いスタイル。

### 無地だけにならないように 柄ストールをふんわりと

無地の面積が大きいロングカーディガンの着こなしには、柄物アイテムが必須。無地の服だけでコーディネートするときは、大判の柄物ストールでアクセントをつくると動きのある雰囲気が演出できる。

右：靴／ワシントン（銀座ワシントン銀座本店）　中：白ブルーチェックブラウス／テセラ（ニッセン）　バッグ／ニコリ（オフィス アール＆ワイ）　靴／ワシントン（ワシントン エ スタジオ）　左：ストール／CITRUS（伊勢丹新宿店）　靴／ROCKPORT（Amazon.co.jp）

# ロングカーディガン
**variation**

## レースのスカートに合わせてフェミニンな外出スタイル

**着心地の工夫**

ショルダー部分が変形ラグランになっているので、肩まわりがゆったりしていて、ねこ背もカムフラージュ。

身ごろに量感たっぷりのドレープがあるエレガントなデザインのカーディガンです。スカートに合わせればさらに華やかな印象に、反対にパンツに合わせると、ラグランショルダーの面白さがきいたカジュアルな印象に着こなせます。白やオフホワイトのアイテムと合わせ、きれいなイエローを生かしたカラーコーディネートが着こなしのコツです。長嶋さんのように背が高い方はもちろん、きちんと試着して長さを確認することが大切です。背中の肉づきで身丈が思いのほかとられることもあります。

ドレープのあるデザインと、甘いレモンイエローで女性らしいインパクトを与えるカーディガン。ウエストの絞りが少ないので、さらっと軽くはおれ、格別の着心地のよさ。

イエローロングカーディガン／グレイセラ（イトキン メビウス カスタマーサービス）　レーススカート／テセラ（ニッセン）
バッグ／ニコリ（オフィス アール&ワイ）　靴／ワシントン（銀座ワシントン銀座本店）

## 太ももが隠れる丈を選べば出番の多いお気に入りの1枚に

パンツスタイルが好きという青木さんには、太もも半ばまでの丈がおすすめです。パンツをいちばんきれいに見せてくれる長さで、ヒップや太もものボリュームもカバーしてくれる使いがってのいい長さです。

シャーベットオレンジはスカートに合わせると甘くなりすぎます。きりりとパンツで締めて、甘辛のバランス調整をして着こなしましょう。

きれいな色と合わせるアイテムの色に迷ったら、白やオフホワイトだけに絞ると、品よくまとまり失敗がありません。

### 着心地の工夫

フロントに同色の細ひもがついているので、開きが気になるときやウエストの絞りを強調したいときは結んで対応。

前立て部分にスパンコールやビジューがアレンジされた大人かわいいデザイン。透け感がありサラリとした風合いの薄手素材なので、春先や晩夏に1枚あると活躍アイテムに。

ピンクロングカーディガン／AUTOCOUTURE（伊勢丹新宿店）　パンツ／ジョルジュ・レッシュ（イトキン カスタマーサービス）
バッグ／ヒロココシノ（ヒロココシノインターナショナル）　靴／ワシントン（銀座ワシントン銀座本店）

## Item 2
## *Leather jacket*
# レザージャケット

### 着心地の工夫

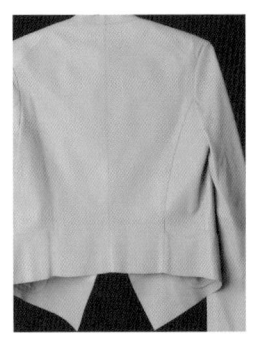

薄い一枚革で作られているので、布と変わらないやわらかさ。着心地のよさを決めるのがしなやかな素材感。

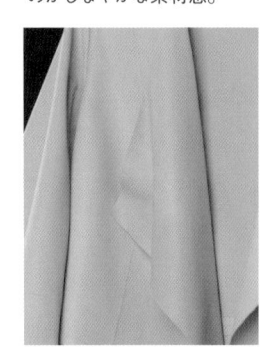

前下がりになった鋭角なフォルムの前身ごろがモダンな印象。大胆な大人の着こなしが楽しめるディテール。

薄くなめしたやぎ革が、えりの折り返し部分をドレープのようにしなやかに見せる。裏地なしの一枚革はニットやカットソーに近い肌ざわり。色合わせしやすいベージュは、季節やシーンを選ばない出番の多いジャケットに。

## 革JKに対する意識を変えて新顔をとり入れましょう

革ジャケットというと、かたい革でできたハードなものをイメージする方がいらっしゃいますが、まずその意識をアップデートしてみましょう。最近は裏地を使わない一枚革で作られたものが多く、薄くなめした上質の革は布製のジャケットより着心地がいいことも。革のしなやかさを生かしたデザインも多く、ドレープやひもも使いなど女らしいディテールが目立ちます。

本来の革のイメージであるマニッシュなイメージがないので、マチュア世代にも着こなしやすく、パンツに合わせればカジュアルに、ワンピースに合わせればきちんとした雰囲気も演出できます。革の持つ高級感とともに、着こなし方ひとつで女性らしいやわらかさや、旬のカジュアル感も楽しめる着まわし力があります。大人のクラスアップスタイルにチャレンジできるおすすめのアイテムで、着こなしの幅を広げてくれます。

レザージャケット／Raw＋（伊勢丹新宿店）

## 着まわし
## コーディネート例

### ジャケットの短い丈を生かしたレイヤースタイル

ウエストやヒップをすっぽり隠してくれるチュニック丈のシャツに合わせれば、着心地がラクなパンツスタイルに。シャツのモダンな抽象柄と一枚革の風合いで粋な印象に。存在感のある重厚なサンダルで足元も旬のテイストに。

### ボーダーTシャツをインに着て大人のマリンスタイルに

ジャケットのカジュアルな面をTシャツで引き出した着こなし方。胸元にさりげなくのぞくボーダー柄で、粋なマリンテイストを演出。裾にボタンをあしらったパンツでTシャツの遊び心を受け、足元は同じ黒のスニーカーで。

### プリントのワンピースにはおれば大人のフェミニン

ワンピースとパンプスに合わせて、革のクラス感を強調した華やかなきちんとスタイル。締め色の部分が少ないので、黒のチェーンネックレスでアクセントをつけ、ぼやけた印象にならないよう工夫する。

右：ボーダーTシャツ／タバサ（ピー・エックス）　リュック／アクリリック　靴／GOHAN
中：柄ワンピース／MAISON DE WOMAN（伊勢丹新宿店）　ネックレス／セント（モリブランニング）　靴／ワシントン（銀座ワシントン銀座本店）　左：パンツ／テセラ（ニッセン）

## レザージャケット
### variation

こったディテールの黒革ジャケットは女性らしい着こなし方で

**着心地の工夫**

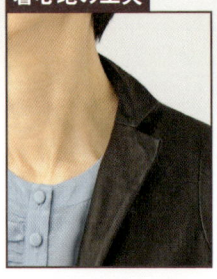

後ろ部分を立たせることも、ふつうに折ることもできるえり。えりのアレンジによって、全体の印象が大きく変わる。

後ろがスタンドカラーにもなる細めのテーラーえりと、ユニークなボタンのアレンジが光る個性的なジャケット。ワンボタンでウエストを絞ったスリムなシルエットが特徴。

黒のスリムなテーラードジャケット。強い印象にならないように、プリントのスカートやフリルのついたブラウスなど甘さを意識したアイテムをプラスして、軽いミスマッチを引き出します。黒のインパクトをバングルやレギンス、パンプスに加えて全体をつなぎ、黒とそれ以外の色を好バランスでまとめます。えりを立てたり、袖を上げたりと、着くずしテクニックを導入すると、こなれ感が出てジャケットを自分流に着こなしている印象に。スリムでシャープな本田さんによくお似合いです。

**着心地の工夫**

細身の袖はぐしゅぐしゅと上げてカジュアル感を出して着こなす。やわらかい革だからできるひねりワザ。

黒レザージャケット、花柄スカート／エレファン（CPR トウキョウ）　バングル／imac

## 気負らずにはおれる しなやか一枚革のシャツジャケット

サイドのヘムラインがとがった面白みのあるシルエットと一枚革の薄さを利用した、革ジャケットらしくないシャツタイプのデザインです。着やすく、ちょっとはおるのにもとても便利なアイテム。黒のクロップトパンツにブーティー風サンダルを合わせた旬の足元と、黒白プリントの人絹ストールをアクセントにして、粋に着くずします。ラフな着こなしに大人モダンなテイストの味つけをするのがコツ。おしゃれ上級者の石川さんならではの着こなしが完成！

**着心地の工夫**

体型に合わせて調節できる同革のひもベルトつき。後ろで結んだり、ルーズにベルト結びしたりと表情が変えられる。

サイドのヘムラインがとがっているので全体に軽さと動きが生まれる。スリットと同じような細見せ効果も出る。

切りっぱなしのえりはドレープになり、そのまま流れるように身ごろと一体化。フロント部分に自然な縦ラインができるので、胸元からウエストにかけてのボリュームを目立たなくする。

## shirt

# Item 3

# シャツ

### 着心地の工夫

ゆったりとしたドロップショルダーなので肩まわりや胸元への締めつけが一切なく、着ていてラク。

後ろ側の裾が立体裁断になったデザイン。ふくらみのあるディテールで女性らしいやわらかさを演出。

かたいシャツのイメージを払拭するゆとりのある肩まわりやウエストライン。幅の狭い小さなえりも女性らしさを演出する。シャツと同じ布帛素材ならではの着心地と、フェミニンなデザイン性を兼ね備えた1枚。

## 白シャツ＝Yシャツは卒業。女性らしいデザインタイプを

年を重ねるにつれてなんとなく似合わなくなってきた、と感じるアイテムのひとつが白シャツ。その理由は、制服のようなシャープなデザインが、丸くなったフェイスラインにそぐわなくなるからです。

白シャツのシャープで制服をイメージさせる主な理由が、えりの形。そこでYシャツのような定番の形ではなく、小さなシャツえりやスタンドカラーなどを選んでやわらかさをプラスし、白シャツのかたさを軽減します。またシルエットは、ジャストフィットではなく、ドロップショルダーや立体裁断などをとり入れたモード感のあるデザインなら、大人の女性らしいニュアンスが生まれ、おすすめです。

大人世代になると白シャツはインにしか着られないシンプルすぎるものより、プルオーバータイプなど、主役トップとしてそれ1枚でも着られるデザイン性のあるものがおすすめです。

## 着まわし
## コーディネート例

### 黒のエッジをきかせた
### 大人のスタイリッシュ

ドロップショルダーでややビッグシルエットのシャツは、コンパクトなパンツとも好相性。サイドに黒いラインが入った春ツイードのパンツと、シルバー×黒のひも靴でスパイスをきかせた着こなし。

### 遊びのあるシルエットなので人気のガウチョパンツにも

旬なボトムにも合わせられるのが定番シャツにはない利点。デザインがトレンディーなので、色はモノトーン基調に抑えてスタイリング。個性のあるバッグやバングルなどの小物使いで、肩の力を抜いた粋なモード感を出す。

### 白シャツらしいさわやかさを
### 演出したガーリースタイル

青と白の持つ清潔なイメージを生かした大人のスクールガール・スタイル。コットンのプリーツスカートにひも結びの靴、ボーダーのかごバッグ、ストローハットを合わせて、白シャツの持つ学生イメージを逆に利用したコーディネート。

右:ストライプワイドパンツ／エム・ジ・ジェ(タカヤ商事)　ストール／アチエ・デ・コンプレックス ビズ 表参道店　ブレスレット／アクリリック　ベルト／バジーレ28(ファイブフォックス カスタマーサービス)　靴／クラークス オリジナルズ(クラークス ジャパン)　中:帽子／マオズ(F.I.S)　ネックレス／セント(モリプランニング)　バッグ／cooco(Amazon.co.jp)　靴／ペダラ(アシックスジャパン)　左:ネックレス／ポートビラ　靴／GOHAN

## シャツ
**variation**

## 背中に異素材を使った今旬デザインのストライプシャツ

前から見るとトラッドな印象のコットンシャツ、後ろは透け感のあるシフォンと、前と後ろで印象が大きく違うトレンドのデザイン。えりとカフスに白を配した抜け感がさわやか。

前と後ろで身ごろの素材が違うデザインのシャツは、前から見るとベーシックなクレリックシャツ、後ろは透け感のあるブラウスのような印象で、その落差を楽しみます。後ろを見た人に「あら！」と思わせる意外性が、このデザインの面白さです。

コーディネートは前後どちらから見ても、違和感のないデニムやモノトーン系のパンツなど、ニュートラルなものを選ぶのがコツ。この1枚でスタイルがつくれる主役シャツです。シャツは苦手、という清楚な印象をお持ちの福島さんにもおすすめです。

**着心地の工夫**

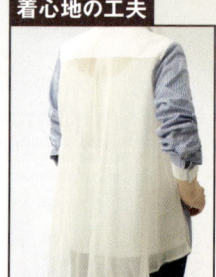

白タンクトップとシフォンの2重仕立てになったバックスタイルは、モード感たっぷりのブラウスのよう。

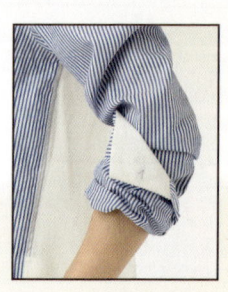

白のカフスがついているので表情豊か。カフスを出すように折り返して、おしゃれな腕まくりも可能。

## ボリュームで遊ぶラグランタイプは大人向きの1枚

台えりがスタンドカラーになったプルオーバーシャツ。ラグランショルダーと背中に入ったタックが大胆なゆったり感を出している。量感が魅力の斬新なビッグシルエット。

もともと紳士服のアイテムだったためか、シャツは大柄な人が着るとさっそうとしてカッコいいものです。ゆったりとしたシャツを上質にカジュアルダウンさせて着こなします。シルバーのスリッポンシューズやサングラスなどデイリーなテイストの小物を合わせると、さらにさりげない雰囲気が出て、大人の着くずし感を堪能できます。背が高く、プラチナのヘアを持つ石川さんに、大胆でひねりのあるデザインのシャツを外国人のように小粋に着こなしてもらいました。

### 着心地の工夫

背中部分には内側に入った2本のインタック。背中の丸みをカバーし、ボリュームをカムフラージュ。

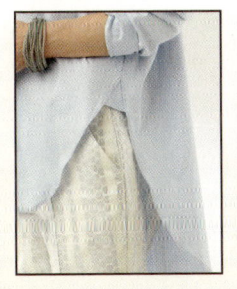

燕尾服のように前後の長さが異なる裁断。前後差の大きな身ごろが変化と面白みを感じさせるデザイン。

ネックレス、ブレスレット／アクリリック　サングラス／アビステ　靴／クラークス（クラークス ジャパン）

## Item 4
## *Pullover*
# プルオーバー

### 着心地の工夫

浅くサイドにあいているえりぐりは、胸元があかずネックラインをきれいに品よく見せる効果がある。

しなやかな肌ざわりで、マットな光沢を放つポリエステルのストレッチ素材。しわにならずメンテナンスもラク。

日常的なアイテムだからこそ、上質の素材感はマスト。短めのチュニックのようなプルオーバーなので、お出かけにも対応できる着まわし力を持つ。タックを使って立体的に見せたスリーブがアクセントに。

## シンプルすぎずデザイン性とクオリティーが光るものを

普段着風になりがちなアイテムなので、上質のものを。無地を選べば、組み合わせ次第でクラスアップができ、活躍アイテムになります。ネックラインは深くあきすぎると肉感を感じさせるので、ボートネック風ラインで。形はベーシックなTシャツ型ではなく、裁断やタックなどでニュアンスをつけたブラウスタイプがおすすめです。シルエットで注意したいのは、幅にゆとりのあるものを。ぴったりしたものだと、バストからウエストまでのボディーラインを全部ひろってしまいます。生地の持つ特性から、スタイリングの基本はカジュアル。スリムなラインのパンツとの相性はバツグンですが、スカートと組み合わせるなら、はおり物をプラスして大人顔の装いに。ノーカラーが基本なので、フロントラインがそっけなくならないよう、ストールやネックレスなどの小物を必ずアレンジしましょう。

92

## 着まわし コーディネート例

### 汎用性の高いベージュはインナーとしても活躍

黒のロングカーディガンのインナーとして活用。落ち着いたベージュがマーブルプリントのスカートを魅力的にクラスアップ。胸元にはボリュームネックレスをプラスしてインパクトを出す。

### イージーパンツとならカットソー同士のラクチンコーデ

上下ともカットソーのゆるいアイテムなので、着やすさバツグン。お出かけ着にクラスアップさせるために、バッグと靴にスパイスのきいたシルバーを。フロント部分にはネックレスと柄物ロングストールで華やかさを。

### 立体的なフォルムのブラウスタイプだから1枚でも

シンプルなTシャツだと貧相になってしまうが、ふんわりとした立体感のあるブラウスタイプなので1枚で着ることもできる。旬なイメージの柄パンツを主役に、エッジのきいた小物をプラス。さらりと小粋に着こなす。

右:黒カーディガン／テセラ（ニッセン） ネックレス／ヒロココシノ プルミエ（ヒロココシノインターナショナル） 中:チョーカー／アクリリック 黒バッグ／モディファイ 日本橋三越本店 靴／ワシントン（ワシントン エ スタジオ）
左:ネックレス／ヒロココシノ プルミエ（ヒロココシノインターナショナル） 靴／クラークス（クラークス ジャパン）

## プルオーバー
### variation

### 袖のリボンに視線集中！大人の甘さ、ここまで解禁

**着心地の工夫**
胸には同じヘンプ素材で異なるテクスチャーの切りかえが。白1色に変化をつけ、膨張して見えるのを防ぐ。

袖にアレンジされた大きなリボンがアクセントになっているボートネックのプルオーバー。腕のモチーフが強烈なインパクトを持つので、そのぶん全体はベーシックに抑えたデザイン。

ガーリーなイメージは、年とともに縁遠くなるものですが、ちょっと冒険してとり入れてみると、驚くほどフレッシュな印象に。価格がリーズナブルなプルオーバーなどで、ちょっと甘さのあるものを選んでチャレンジしてみましょう。

江指さんにおすすめするのも、袖についた大きなリボンが特徴の少女っぽい1枚。パンツやバッグ、靴などの小物をカジュアルでまとめるのがコツです。甘さを抑えた大人らしい甘辛のバランスで着こなすのがポイントに。

**着心地の工夫**
二の腕部分に大きなスリットが入り、同じヘンプ素材のリボンをアレンジ。おしゃれなチラ見せ効果が新鮮。

カットソー／MIYAO（伊勢丹新宿店）　パンツ／ミセスジーナゴールド（タカヤ商事）　ネックレス／セント（モリプランニング）
バッグ／ヒロココシノ（ヒロココシノインターナショナル）　靴／fitfit

## 少女っぽいパフスリーブも大人度の高い着こなし方で

ハリのあるキュプラを使ったブラウスタイプ。透け感のある異素材を使った大きなパフスリーブがフェミニンなテイストを演出するアイテム。斬新さの光る着こなしができる1枚。

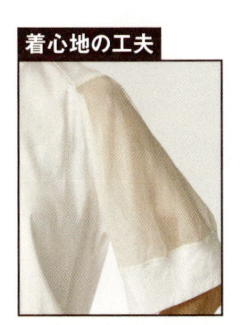

**着心地の工夫**

フェミニンな印象をつくる透け感のある大きなパフスリーブ。大きいタック使いで、甘さと大胆さを表現したすぐれフォルム。

幅広のリブでブラウジング効果を出した裾。甘さと引き合うカジュアルなディテールに、とぎ澄まされたデザイン性が光る。

おしゃれ探検を楽しんでいる田野倉さんには、ワイドパンツを使ったコーディネートがおすすめです。ロングスカートのように着こなせるフルレングス丈のパンツに、エッジのきいた大人Tシャツを合わせた着こなしは、マチュア世代のモダンスタイル。粋なストローハットとスニーカーではずしのアクセントに。ちょっとハードルを上げた着こなしにもぜひチャレンジを。

首元には、ゴムの黒ネックレスをプラス。テクスチャーの面白さと引き締め色で、着こなしのアクセントに。

95　カットソー／MIYAO（伊勢丹新宿店）　ネックレス／アビステ　バングル／ポートビラ　バッグ／モディファイ 日本橋三越本店

## Item 5

*One-piece*

# ワンピース

######## 着心地の工夫 ########

サイドに大きくとったドレープが、胸元からウエストまでのボディーラインをカムフラージュする効果を発揮。

ハリのあるジャージー素材とドレープの落ち感が、体型カバーに効果のあるIラインを強調。ボートネック、七分袖と細部のデザインも細見せ効果が満載。ほどよい華やかさと光沢感のあるグレーが印象的。

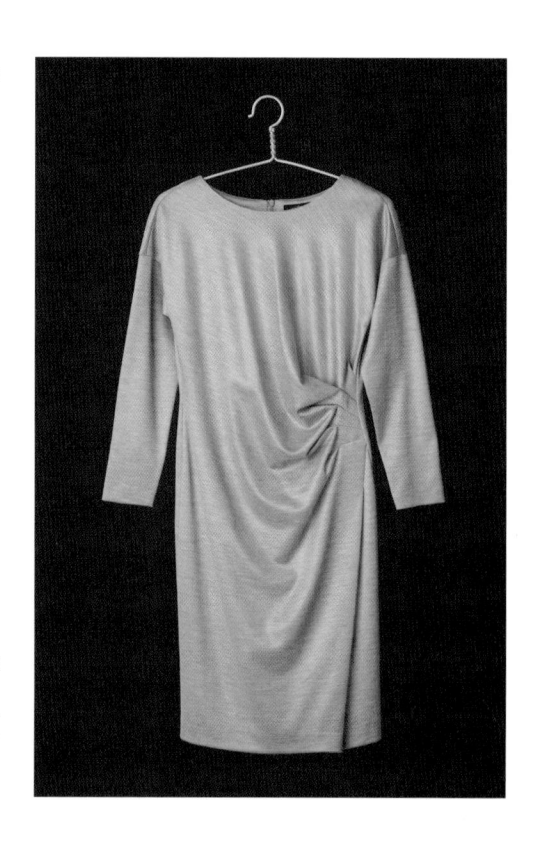

着まわすことを想定するならベーシックなサックドレスで

さまざまな色や柄、デザインがあるワンピースですが、1枚で主役にして着るタイプより、ほかのアイテムとのコーディネートが楽しめる色やデザイン、素材を選ぶのがマチュア世代にはおすすめです。

おすすめは落ち感のあるジャージー素材で、ウエスト切りかえのない膝丈Iラインのもの。ストンとしたサックドレスなら幅が出ず、ロングカーディガンを重ねたときもきれいなシルエットを保ちます。またブルゾンのような短い丈のジャケットに合わせるとチュニックとしても活用できます。色は無地がおすすめで、1枚で着るときはストール使いなどでネックラインに華やかさを足して、女優ドレスの表情で着こなしましょう。

無地のワンピースは、小物使いをはじめ、柄アイテムとの組み合わせでどうアクセントをつけるかが着こなしのポイント。さまざまに表情が変わる大人スタイルの味方です。

グレーワンピース／モディファイ 日本橋三越本店

## 着まわし
## コーディネート例

### 光沢のある素材感に白を加えればパーティー仕様に

あらたまった印象のある白のロングカーデを組み合わせて、素材の光沢感をフォーマルな輝きにシフト。パンプスはグレーとシンクロするシルバーでキメて、コサージュ、ワンピースとともに同系色でまとめる。

### アクセントカラーにグレーと相性のいいイエローを

ストールとサンダルにきれいなイエローを加えた女らしいスタイル。無地ワンピースを1枚で着るときは、大判ストールの目隠し効果を活用して、気になる胸元からウエストにかけてのボディーラインをカムフラージュ。

### 黒革ライダースジャケットならミックスコーデで

ハードな印象の革JKとフェミニンなワンピースの異テイストミックスのコーディネート。レギンスでワンピースにカジュアル感をプラスするのがポイント。黒アイテムの中にワンピースの光沢が映える洗練された色合わせ。

右:黒ジャケット/バジーレ28(ファイブフォックス カスタマーサービス) 靴/クラークス(クラークス ジャパン) 中:白ロングカーディガン/テヤラ(ニッセン) コサージュ/ユキコ ハナイ(花
左:ストール/クラウス・ハーバニエミ(ムーンバット) 靴/ワシントン(銀座ワシントン銀座本店)

## ワンピース
### variation

## さらりとした風合いを生かしたコートワンピース

麻とコットンのミックス素材なのでさらりとした肌ざわりで涼感もたっぷり。シンプルなデザインなのでコートとしても着ることができ、春先から盛夏まで出番の多い活躍アイテムに。

夏らしいテクスチャーのシンプルワンピースは、ベーシックなデザインをアピールして着るのがコツ。ストンと1枚で着るなら短いものを。前をあけてコートとして着るときはストールをプラスして変化をつけ、こなれ感を演出します。

長くたれるブローチがおすすめ。長くたれるネックレスはせっかくの空間を邪魔してしまうので、合わせるなら短いものを。前をあけてコートとして着るときはストールをプラスして変化をつけ、こなれ感を演出します。

麻の入った素材感が強調され、ナチュラルで大人の落ち着きを感じるスタイルになります。アクセサリーはポイントに

**着心地の工夫**
前をあければゆったりとした夏コートに。スカートにもパンツにも合わせられる丈なので、旅行にも重宝。

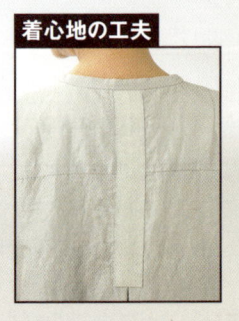

**着心地の工夫**
布をはった背中のディテール。シンプルなデザインの中の、思いがけないこだわりが光る。

ワンピース／JOUIR DE LAVIE（伊勢丹新宿店）　帽子／マオズ（F.I.S）　バングル／imac　クラッチバッグ／SARAHS BAG（伊勢丹新宿店）
左上小カット：ストール／フランチェスカ バッシ（ゲストリスト）　バッグ、靴／ワシントン（銀座ワシントン銀座本店）

## ジャージー素材なら部分柄ですっきり細見せ作戦を

ジャケットスタイルが多い又吉さんにおすすめしたいのは、ジャケット下に着ても厚みの出ない薄手ジャージーのもの。ジャージー素材のワンピースは着心地がよく負担がないので、ぜひ1枚持っていたいアイテムです。ただし気をつけたいのは体のラインか出やすいこと。とくに薄手で体にフィットするタイプは、柄や色をうまくとり入れた視覚効果のあるデザインを要チェック。フロントが明るく、サイドは締め色、といった工夫のあるものなら、ボディーラインをカムフラージュしてすっきりとした印象に。

**着心地の工夫**

胸元のボリュームをカバーするVネックライン。やや丸みがついているので、マチュア世代にも似合うシャープさ。

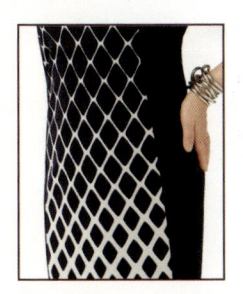

前部分だけに入ったダイヤ柄。ボディーの厚みが目立たなくなり、全体のボリュームをカムフラージュする。

引き締め効果のある紺をベースに、フロント部分だけに柄をアレンジ。目の錯覚で体型カバー効果があり、フィット感のあるジャージー素材でもボディーラインが気にならない。

ワンピース／モディファイ 日本橋三越本店　ネックレス／テセラ（ニッセン）

## Item 6

*Easy pants*

# イージーパンツ

### 着心地の工夫

ウエストに入ったゴムが逆におしゃれなディテールに。ラクに着て旬な印象をつくるデザイン。

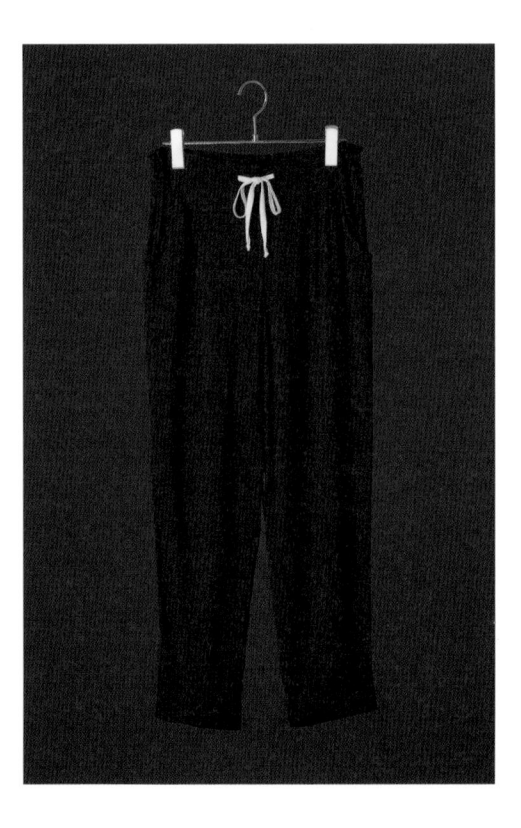

ゆとりのあるデザインだからこそ、きれいなシルエットをつくる落ち感のある素材を選びたい。

ウエスト部分にドローストリングとゴムを併用したラクラクパンツ。ヒップや太もも部分もゆったりしているので締めつけがない。レーヨン100％の落ち感のある素材で、ゆとりのあるラインをすっきり見せる。

## 昔おうち着、今おしゃれ着のイージーパンツをはきこなす

今、パンツのトレンドが少しずつ変わってきています。きれいで無駄のないテーパードのようなラインから、ウエストにギャザーやタックが入って、脚の部分もゆるゆるのトレーニングウェア風のイージーパンツがブームの中心に。ホームウェアのようなシルエットはマチュア世代には戸惑いもありますが、見方を変えれば、着心地満点だからこそ着こなし方を攻略して、ラクなパンツスタイルを楽しみましょう。

選び方のポイントは素材。普段着に見えないようクオリティーのあるものを。コーディネートはカジュアル感のあるカットソーやシャツなど、パンツの雰囲気に合わせた気楽なトップとの組み合わせが基本です。ヒールのある靴は似合わないので、スリッポンやフラットシューズで。ステップアップするならお出かけジャケットなど、きれいめのトップにコーディネートすると着こなしの幅が広がります。

パンツ／splendid（Amazon.co.jp）

## 着まわし
## コーディネート例

### カットソートップならラクラクの
### コンビネーション

パラシュートのようなシルエットで鮮やか色のきれいめカットソーを合わせて、パンツのカジュアル感をかげんするとお出かけ対応に。足元も普段着調にならないようエナメルパンプスで。

パンツの個性を生かすなら短め丈トップに合わせて

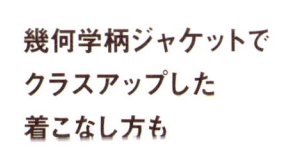

### 幾何学柄ジャケットで
### クラスアップした
### 着こなし方も

ゆる感のあるイージーパンツには本来なら合わせにくいきちんとジャケットは、ミスマッチ感覚を意識して着こなすのがコツ。かっちりしたジャケットのシルエットと、やわらか素材のパンツとのアンバランスが新鮮。

ウエストにギャザーの入ったパンツのシルエットを目立たせた着こなし方。ブラウジングタイプのブラウスはドローストリングのパンツに合わせやすく、ゆるカジュアルな雰囲気に。帽子を合わせて粋な着こなしを楽しむ。

右：赤トップ／モディファイ 日本橋三越本店　ネックレス／アビステ　靴／ワシントン（ワシントン エ スタジオ）
中：水色×白×黒ジャケット／ヒロココシノ（ヒロココシノインターナショナル）　バッグ／ニコリ（オフィス アール&ワイ）　靴／fitfit
左：チェックブラウス／JOUIR DE LA VIE（伊勢丹新宿店）　帽子／マオズ（F.I.S）　バングル／アビステ　靴／アルテミス by ダイアナ

## イージーパンツ
**variation**

## 鮮やかな青で大人のスポーティーな着こなしを楽しんで

タックが入っていないので、ウエストからヒップにかけてフィット感のあるパンツ。ポリエステルとウールの混紡素材だから、さらりとした落ち感がある。着やすいうえにきれいなラインをキープする。

イージーパンツのおすすめは、スリムに見えるダークカラーです。でも細身タイプの前野さんには、こんな鮮やか色のパンツでも。ゆるからず細からずのストレートに近いシルエットで着こなしやすく、きれいなラインをつくります。黒のスタジアムジャンパー風ブルゾンでスポーツテイストを強調し、仕上げはハットで小粋に。鮮やかな青と黒白のコンビネーションが若々しく、はつらつとした印象の着こなしが楽しめます。旅やアウトドアのお出かけなどにこんな遊び心を演出してみてはいかがですか。

### 着心地の工夫

少なめギャザーのドローストリングはフィット感があり、体になじみやすく、スリムなシルエットをつくる。

幅広の折り返しのある裾。おしゃれ着としてのディテールを持っているので、スポーティーになりすぎずに着こなせる。

ブルゾン／エレファン（CPR トウキョウ）　帽子／マオズ（F.I.S）

## はきこなしやすい裾細ジョッパータイプは万能アイテム

トリアセテートが入った素材で、サラリとした落ち感があり脚にまつわらない。ヒップまわりはゆったりして裾に向けてすぼまったラインで、着ていてラク&しかもスリムな印象に。

**着心地の工夫**

同色のグログランリボンを使ったドローストリングは、実用性とおしゃれな印象を兼ね備えたディテール。

トリアセテート80%のサラサラ感が心地よい。盛夏や梅雨時にはいても涼感があり、蒸し暑くならない。

ゆるラクなイージーパンツという高野さんにおすすめするのは、イージーパンツの基本タイプ。落ち感のある化繊を使ったジョッパーラインで脚をすっきり見せる効果があります。明るい色のトップを合わせれば、視線アップの効果も出て全身がすっきりとした印象になります。

イージーパンツの特徴はなんといってもその素材です。コットンやウールだけではなく、ポリエステルやトリアセテートなどの化繊が入っているので、着やすくやわらかくお手入れも簡単です。一年じゅうほとんどパンツで通

ボレロジャケット／MAISON DE WOMAN（伊勢丹新宿店）　パンツ／haunt（haunt 代官山（ゲストリスト）　ネックレス／セント（モリプランニング）
バッグ／ニコリ（オフィス アール&ワイ）　靴／クラークス（クラークス ジャパン）

## Item 7

### Gaucho pants
# ガウチョパンツ

#### 着心地の工夫

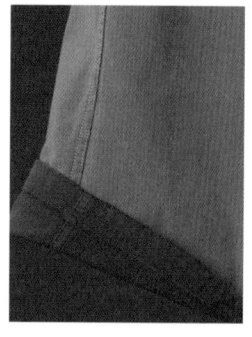

伸縮性のあるウエスト部分のゴム使い。インナーベルトのように入っているので、見た目もおしゃれ。

表はカーキ、裏は紺のリバーシブル仕様。どちらも汎用性のある色で、2倍の着まわしを楽しめる。

かためのダブルフェースのコットン素材にウエスト部分のゴムでゆるラク感を出した1枚。広すぎない裾幅と、長すぎない丈が着こなしやすいシルエット。厚みのある生地なのでボディーラインをひろわず、お出かけ着として活用できる。

## 裾広がりの旬のシルエットは大人の女性にフィットする

今いちばんトレンド感のあるボトムがガウチョパンツです。南米のカウボーイ（ガウチョ）がはいていたパンツのことで、裾が広がっているのが特徴です。

長さはさまざまで、膝下からフルレングスまでありますが、着こなしやすく汎用性の高いのはふくらはぎが隠れるくらいの丈。裾の広がりを強調するために、素材はハリのあるややかためのものが主流です。裾幅が広いものはスカートとして、ほどほどの広がりならワイドパンツのつもりでコーディネートすると、着こなしのコツがつかめます。

ギャルソン的な雰囲気を持ったアイテムなので、ベーシックなシャツやカーディガンなどに合わせて、大人のスクールガール的な着こなしをすると新鮮な印象に。女らしいパンプスとは相性が悪く、スリッポンシューズやひも靴などボーイッシュなフラットヒールで対応すると足元がすんなりまとまります。

## 着まわし
## コーディネート例

### ジャージー素材のジャケットでよそいき感を出して

### レースのニットとコンビのひも靴でクラシックな演出

コットンレースのガーリーなニットを合わせて、きれいめカジュアルに仕上げたスタイル。ハットやウイングチップの靴を小道具にして、ちょっとレトロな着こなしに。カーキと色合わせしやすいオフホワイトと黄土色をスパイスに。

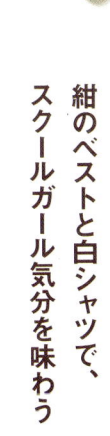

カーキの表面にくらべて、裏面の紺のほうがきちんとした着こなし印象に。ジャケットに合わせるとお出かけ着の雰囲気が出て、装飾的なネックレスや女らしいバッグもコーディネートしやすくなる。

### 紺のベストと白シャツで、スクールガール気分を味わう

かたいコットン素材のパンツなので、スクール風のアイテムとは基本的に相性がいい。シャツの裾出しやリュックなどの小ワザを使って、制服の雰囲気を演出するスタイリングで。ベストが紺なのでパンツはカーキ面でコーディネート。

右:白シャツ／グレイセラ（イトキン メビウス カスタマーサービス）　ベスト／ジョルジュ・レッシュ（イトキン カスタマーサービス）　リュック／PORTA FORTUNA（Amazon.co.jp）　靴／ワシントン（ワシントン エ スタジオ）　中:白カーディガン／KEI Hayama PLUS　帽子／マオズ（F.I.S）　靴／GOHAN　左:バッグ／エフィー（efffy コレド室町）　靴／MODE ET JACOMO manu（Amazon.co.jp）

## ガウチョパンツ
### variation

## 裾の広がりが少ない短めワイドパンツで個性派トラッド

長めのタックを入れてボリュームを抑えたモダンなシルエット。着こなしがむずかしい幅広短丈パンツだが、裾の広がりがなくストレートなラインなのですっきり着こなせる。

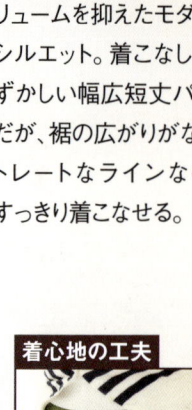

**着心地の工夫**

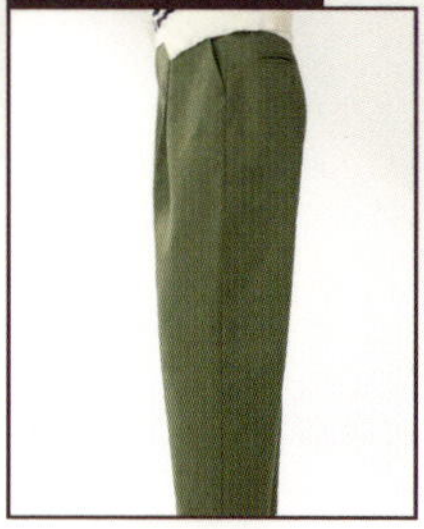

横から見るとほぼストレートなライン。無駄のない縦の流れを強調したシルエットですっきり見せる。

**着心地の工夫**

長めの太いタックが全体をストレートに近いシルエットにしている。こまかいタックよりもボディーラインをひろわない。

夫したマリンスタイルを楽しみましょう。イエローのスポーティーなバッグで、はずしワザのアクセントをつけましたが、トートバッグやかごバッグなどでも。旬のスリッポンスニーカーで足元にボリュームを出して、トレンド感のあるカジュアル感で、ひと工夫したマリンスタイルを楽しみましょう。

どことなくボーイッシュでキュートな印象の万年さんは、ガウチョパンツの持ち味が生きるキャラクター。ワイドストレートなシルエットのタイプなら、初心者でも幅を意識せずに着こなせます。ボーダーニットなど甘さのあるカジュアル感で、ひと工夫したコーディネートに。

バッグ／アクリリック

## ジャージー素材のものならジャケットできちんと着こなします

デイリーな着こなしにすると一気にワンマイルファッション風になってしまうのが、ジャージー素材のパンツです。とくに幅のあるガウチョタイプのときは、トップにきちんとしたイメージのものを合わせてだらしない印象にならないようにしましょう。モダンな印象の田野倉さんにおすすめの着こなし方はウール素材のテーラードジャケットとの組み合わせ。あらたまった印象のデザインテーラードとの異ディストコーデはひねりのあるスタイルですが、個性的な田野倉さんにはとてもよく似合います。

### 着心地の工夫

バックに大きなパッチポケットがついているので、ヒップ部分のボリュームをダウンして見せる目隠し効果も。

ウエストにはこまかく短いタックが。体に沿って微調整ができるうえ、タックによる膨張が少ない。

着やすくまつわりのない厚手ジャージー素材の紺のガウチョパンツ。ウエスト部分をゴムとこまかいタックで処理しているので、ボリュームを出さずに体型に沿ったシルエットをつくる。

ジャケット、ブラウス／エレファン（CPR トウキョウ）　パンツ／KEIKO KISHI by nosh（ノッシュ）　ベルト／モディファイ 日本橋三越本店

## Item 8 *Denims*

# デニム

## きれいめカジュアルを基本に女らしいアイテムに合わせて

### 着心地の工夫

ほどよい股上の深さはマチュア世代には必須条件。かがんで背中が出るような短い股上は、イタイ印象に。

ポリウレタン混紡のストレッチ素材なら、ジャージに近いはき心地でジーンズの着こなしが楽しめる。

ほどよく色落ちしたウォッシュ感と伸縮性のある着やすさが特徴のデニム。ポリウレタンが混紡されたストレッチ素材なので、綿100％のかたさはなく、マチュア世代にもはきこなしやすい。シルエットはベーシックなボーイフレンドタイプ。

最近流行のスキニーデニムをはいたマチュア世代を見かけますが、細すぎる脚のラインはカジュアルなデニムの印象も手伝って貧相なイメージにつながるものです。この世代の豊かなイメージを演出できるデニムとしておすすめしたいのは、太ももから裾にかけてほどよいゆとりがあるボーイフレンドタイプです。メンズ物のデニムをはいたときのようなゆとりがあり、はきやすく、体型もカバーしてくれます。

着こなしのコツは、デニムをカジュアルアイテムととらえないこと。最初に裾をロールアップさせておしゃれな靴からコーディネートしていくと、大人世代にぴったりのよそいきデニムスタイルが完成します。ちょっと甘さのあるカットソーやブラウスを合わせて、きれいめカジュアルのお手本スタイルに。デニムにはカジュアルではなく、フェミニンなアイテムのほうが似合うということを念頭において考えるのが、着こなし上手への近道です。

デニム／レッドカード（ゲストリスト）

## 着まわし
## コーディネート例

### モードな格子柄ブラウスとスパイスカラーをプラス

立体裁断のプルオーバーブラウスをチュニック感覚で合わせ、バッグとパンプスにはヴィヴィッドな赤を足したコーディネート。涼感ときちんと感のバランスがとれた好感度の高い夏のお出かけスタイル。パンプスをサンダルにかえるとすぐにデイリーな印象に。

### フェミニンなアイテムとはどこまでも相性よし

レースのシャツブラウスの甘さをデニムでカジュアルダウンして着こなしたスタイル。足元はスリッポンスニーカーでスポーティーにきめて、フェミニンな印象のトップに引き合う甘辛のバランスに調整する。

### トレンドニットでセンスの光るデニムスタイル

サイド部分に布帛の切りかえを入れたニットカーデを主役にした着こなし。デザイン性と色みで主張するトップには、ニュートラルなデニムは合わせやすいアイテム。小物の色を絞ってニットのピンクにフォーカスする。

右：バッグ／エフィー（efffy コレド室町）　靴／クラークス（クラークス ジャパン）　中：ノースリーブニット／テセラ（ニッセン）　靴／MODE ET JACOMO carino（Amazon.co.jp）　左：靴／G

## デニム

**variation**

### 着やすさ最優先の"なんちゃって" デニムもよそいき風の貫録

見た目はふつうのウォッシュジーンズ、はいてみるとストレッチのきいたジャージーパンツ。ポリウレタン高配合で伸縮性のあるデニム風パンツはポケットやステッチも本物デニムと変わらない。

ヒップや太ももにぴったりのかたいデニムは苦しい、と感じるマチュア世代は多いものです。そんな方におすすめなのが、ジャージーパンツのはき心地を持つデニムで、デニム初体験の江指さんに挑戦していただきました。

ポケットも本物そっくりに描かれていて、思わず手を入れてしまいそう。ボーダーの大判ストールをふんわり首にかけて、きれいに着こなします。がまんして着ることから卒業して、着やすいことを最優先に賢くおしゃれの幅を広げてみませんか。

### 着心地の工夫

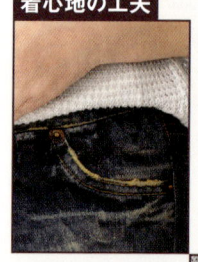

一見本物と見まちがうだまし絵ポケット。厚みが出ないのですっきりラインに。

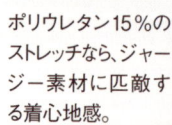

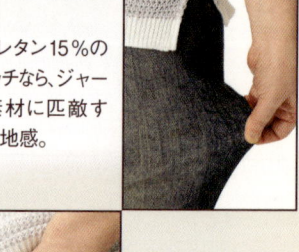

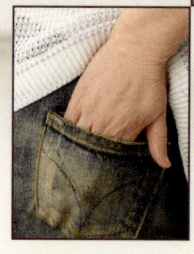

ポリウレタン15％のストレッチなら、ジャージー素材に匹敵する着心地感。

ヒップについたパッチポケットはアクセント効果でボリュームをカバーする。

グレーニット、ストール／エム・ジ・ジェ(タカヤ商事)　バッグ／アクリリック　靴／クラークス(クラークス ジャパン)　珊瑚ネックレス／キョウヤ(京屋)

## ビッグシルエットにはコンパクトなデニムで対応

ドルマンスリーブのゆったりとしたトップには、無駄のないシルエットのスリムなデニムで。ボトムをコンパクトに抑えて、トップのボリューム感をよりアピール。

**着心地の工夫**

伸び縮みするストレッチデニムなので、かがんでもヒップやウエストが締めつけられない。

ほどよいフィット感のスリムデニムは、膝の曲げ伸ばしもラクで脚も動かしやすい。

小柄な体型ながら着こなし上手の末光さんには、デザイントップとデニムの組み合わせで。変わりボーダーのビッグシルエットのトップを主役にして、ボトムはコンパクトなスリムタイプでメリハリを出します。上半身にアクセントがくるので視線が上がり、背を高く見せる着こなしに。脚にフィットするスリムタイプのデニムは、ストレッチがきいた素材が必須。試着して脚さばきを確認して購入することが大切です。スリムデニムにパンプスをはくと若づくりな印象になるので、フラットシューズで軽快に。

心がけで
5歳見違える

60歳からの
おしゃれの
気がまえ

Column 3 「老眼鏡」

## 優秀なおしゃれ小物として
## 老眼鏡を活躍させて

　年とともに老眼鏡が必要になってくるのはしかたないことです。ひと昔前のように縁の目立たないメタルフレームやフレームレスの眼鏡を選ぶ方は少なくなったようですが、まだまだベーシックなフレームを選ぶ方が多数派です。それは老眼をネガティブにとらえ、眼鏡をあまり目立たせたくないという気持ちがあるからではないでしょうか。

　もちろん私も老眼が心地よいものとは思っていませんが、初めてリーディンググラスをつくることになったときは、どんなデザインのものを選ぼうかとワクワクしたものです。その姿勢は今も同じで、次はどんなフォルムにしようか、今までにないタイプにチャレンジしてみようか、とワクワク感を持ち続けています。バッグや靴などの小物に対するときと同じスタンスで老眼鏡を見ているから、選ぶのが楽しくなるのですね。実際売り場に行って、最新デザインのフレームを前にすると、どれもこれも個性の輝きを放っていて、一つを選ぶのに時間がかかります。

　心がけているのは、どんな服の色にも合わせられるもの。私の場合は、モノトーンの服が多いこともあり、白、黒、紺などを中心にちょっと面白いフォルムのものを選ぶようにしています。かけていて、「え、それ老眼鏡だったの」と言われるような遊びのあるデザインにこだわることが、選び方のコツかもしれません。

# Part 4

# 服はこう着る、こうあるべき。昭和ルックの思い込み

ボタンはしっかりと留め、
折りたたむときにはきっちりびしっと。
洋服は左右対称正中線で、
肩とウエスト位置に合わせて着ましょう、
と教えられていたのが昭和前期世代です。
確かにそのように着るべき服もありますが、
ファジーに着ることで
もっとセンスアップして見える服が
たくさんあるのも事実です。
その着くずしのコツをつかんで
こなれた着こなし印象に一歩近づき、
おしゃれの幅を広げましょう!

## 昭和世代の思い込み 1

# 服のボタンはすべて留める⁉

ボタンを全部留めたほうがいいとは思わないにしても、そのはずし方がわからないという方が多いようです。はずしてだらしなく見えるくらいなら、留めておいたほうが安全というところでしょうか。

ところがボタンのはずし方、留め方は印象を大きく左右する大事なテクニック。3つのアイテムでその印象の違いを検証してみました。ボタンのはずし方を覚えてスタイリングの幅を広げましょう。

## 【カーディガンで検証】

ボタンの留め方で着こなしが激変するアイテムのひとつ。かた苦しい印象の全留め、上だけ留める少女スタイル、最も今風の中間留めの3パターンでその違いをチェック。

### すべて留める　NG

昔気質のやぼったい雰囲気。動きがなく膨張感だけが目立つおすすめできない留め方。

### 上2つを留める　△

あえてガーリーな着こなし方をしたいときには有効な留め方。少し古くささを感じる。

### 中間を留める　OK

フロントにインナーを見せて抜け感やおしゃれな雰囲気を出す、おすすめの留め方。

## 【ジャケットで検証】

きちんと見せたいときと、こなれた印象にしたいときとで留め方が変わってくるのがジャケット。オケージョンやシーンで留め方を操作できるよう印象の違いを知っておきたい。

### すべて留める △

きちんとしたかたい印象。あらたまった雰囲気を求められるときには適している。

### 上1つを留める OK

全留めに近い印象。ウエストラインを強調してXラインをつくるときに有効。

### すべてをあける OK

Iラインを意識した着こなしが可能に。縦ラインを強調する小物をプラスして。

## 【シャツで検証】

ボタンのはずし方によっては想定外のラフな印象になってしまうのがシャツ。どの程度のあけ方がいいのか、インナーの見せ方など、この世代らしいシャツの着方を検証。

### すべて留める NG

制服のように見える。えり元にVゾーンがないので、スタイリングできないNGスタイル。

### 上2つをあける △

Vゾーンができたのが、まだ中途半端。苦しくてあけた印象。おしゃれには見えない。

### 上3つをあける OK

大きなVゾーンにアクセサリーなどを加えて、かたいシャツに女らしさを加えられる。

昭和世代の思い込み 2

# 袖や裾はきちんと折る⁉

おしゃれに必要なのは着くずし感です。それを簡単に出せるのが、袖や裾の折り返しテクニック。ただ折り返せばいいのではなく、こなれた印象をつくり、しかも折り返しが落ちてこない実用性も必要です。洗練された大人の着くずし感が演出できるシャツとジャケットの袖の折り方、デニムのロールアップの仕方を覚えて、こなれた印象に一歩近づきましょう。

【シャツブラウスで検証】

せっかくおしゃれなシャツブラウスにトライしてみても、そっけない袖まくりではイメージダウン。カフスを出したまま折り返せるワザありテクニックで袖をアクセサリーに。

### ふつうに折り返したとき

先端の袖口から折り返すと男性的でオフィス仕様のスタイルに。味気ないイメージ。

### カフスを出して折り返したとき

OK

折った袖の先にカフスが出るので、おしゃれな印象。袖の折り返しがアクセントに。

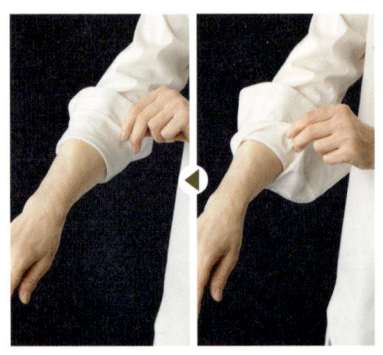

最初にひじくらいまで大きく袖を折り返す。次にカフスだけを残してもう一度折り返す。最後にカフスの形をととのえる。

ブラウス／ジョルジュ・レッシュ（イトキン カスタマーサービス）

## 【デニムで検証】

覚えておきたい人気のはき方が裾を折り上げるロールアップ。ふつうの折り方とは違う実用性が光るプロのテクニックで、トレンド感のあるデニムのはき方を身につけましょう。

### 裾をふつうに折る

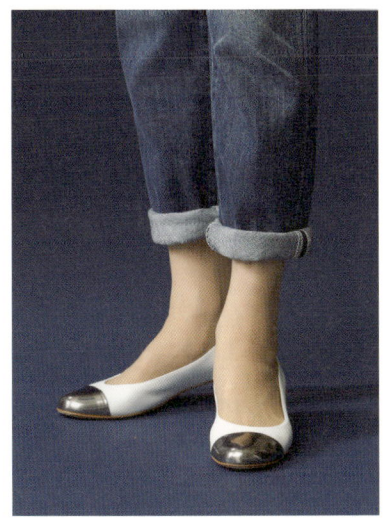

ふつうに下から折っていくと丈の調節がしにくく、ちょうどいい長さのロールアップにならない。

### 2ステップで折る　OK

最初に大きく折り返し、次にその半分に折る。最初に仕上げの長さを決めておく。

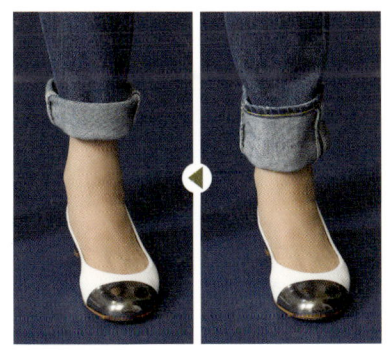

裾の位置を決めたら、最初に大きくひと折りし、次にその半分の位置で折る。希望する長さを最初から想定してロールアップできる。

## 【ジャケットで検証】

あまり知られていないジャケットの袖を折り返す着こなし方。とかくかたくなりがちなジャケットスタイルの表情を、簡単にやわらげる折り方テクニックをぜひマスターして。

### 折り返しなし

ジャケットの袖が長いと、着慣れていない印象で重たい雰囲気になってしまう。

### 折り返して腕を見せる　OK

着慣れ感と腕が見えることで軽い印象に。かたい雰囲気がなくなり、おしゃれ着の顔に。

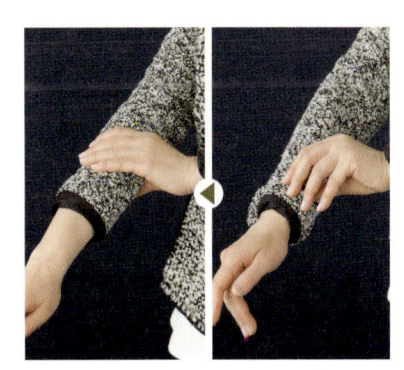

最初にほどよい長さにひと折りして、あとはそのままぐしゅぐしゅとたくし上げる。ひと折りすることで、落ちにくくなる。

デニム／レッドカード（ゲストリスト）

## 昭和世代の思い込み 3

## スカートやパンツはウエスト位置ではく!?

これまでの習慣からついやってしまうのが、ボトムをウエスト位置にジャストでフィッティングしてしまうことです。最近のボトムはほとんどが前下がりではくことを想定したシルエットなので、ウエスト位置ではくと全体が上がってしまいます。

ボトムのはき方をまちがえると、変なしわが出たり、腹部が目立つなど、イメージダウンすることを検証してみました。

## 【スカートで検証】

ウエスト位置まで上げてはくと前上がりになり、スカート本来のシルエットが出ない。ウエストにのせるような形になるので、おなかぽっこりが強調されることにも。

### 前下がり位置ではく OK

ベルトを腰骨にかけるようにスカートも腰ではく。ちょっと前下がりを意識すると、正面から見たときにきれいな形になる。

### ウエスト位置ではく NG

自分ではジャストウエストのつもりではいていても、シルエットは後ろ下がりになる。おなかが目立ち、やぼったい印象の着こなし方に。

118

## 【パンツで検証】

ヒップボーンの言葉は知っていても実行できずにいる人も多いのでは。腰骨の位置までおろしてはくと、おなかぽっこりも目立たず、カッコいいはき方に。

### 前下がり位置ではく　OK

腰骨ではくと必然的に前下がりになり、正しいはき位置に。ビキニラインにしわが寄らず、前から見てもすっきりした印象になる。

### ウエスト位置ではく　NG

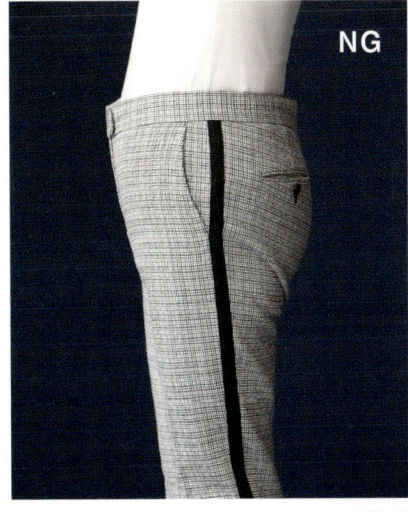

前を上げてはくと生地が前に寄せられて、太もも後ろ部分にしわが出てしまう。前から見てもおなか部分の面積が大きく膨張して見える。

## 【デニムで検証】

ふつうのパンツにくらべて股上が浅いので、ウエストが下がっているようなはき心地になるが、前下がりがデニムの正しいはき方。

### 前下がり位置ではく　OK

腰骨から前に下がったラインにしてはくのが本来のはき位置。ボタンを留めてから前のポケットに手を入れて形をととのえると、きれいにはける。

### ウエスト位置ではく　NG

ウエスト位置を上げるとデニムのラフで粋なイメージがなくなり、ただの実用着に。前から見るとビキニラインのしわも気になる。

## 昭和世代の思い込み 4

# ストール類は、首に巻いてから結ぶ!?

ストール類は鏡の前であれこれ巻き方を試してみても、腕を長時間キープしているのがつらくなり、なかなか思うように結べなくなるものです。そこで発想を転換して、初めからストールに結び目をつくっておいて、そこに両端を通すだけのアイディア結びをしてみませんか。手先の動きが多少悪くなっても、腕が疲れる前に手早く確実なスタイルが完成します。

## 【サイドアクセントの場合】

シルクツイルなどハリがある細長いストールに適した結び方。大きなリボンをサイドに持ってくる華やかなストール使い。（参考ストールサイズ：184×64㎝）

## 【センターアクセントの場合】

シフォンなどやわらか素材のストールに適した結び方。形がくずれないので、覚えておくと便利なストール使い。（参考ストールサイズ：158×44㎝）

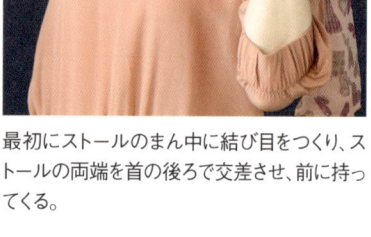

最初にストールのまん中に結び目をつくり、ストールの両端を首の後ろで交差させ、前に持ってくる。

リボンを通した結び目を調節して、輪が抜けないようにする。リボンの部分を広げて形をととのえればでき上がり。

ストールを首にかけ、長いほうを輪にして結び目に通す。輪を好みの大きさにして片方だけのリボンをつくる。

ストール全体の1/3のところに結び目をつくる。あまりかたく結ばずにふんわりと結んでおく。

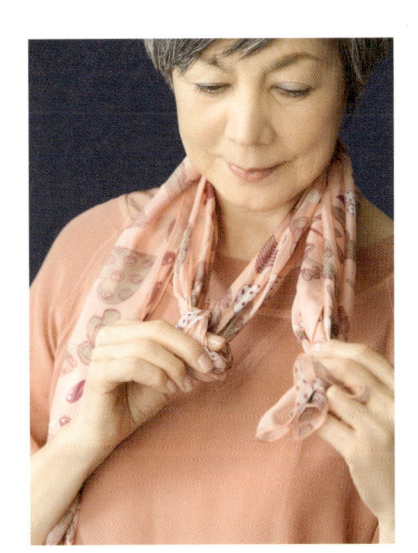

ストールの両端を結び目に通し、長さを調節する。ふんわりと布をととのえればおしゃれなアレンジに。

上：黒カットソー／haunt／haunt 代官山（ゲストリスト）　ストール／アチエ・デ・コンプレックス ビズ 表参道店
下：ピンクブラウス、スカーフ／セラッチ ジャポン

| 昭和世代の思い込み 5 |

## ロングトップにはベルトをする⁉

丈の長いトップを着るときに、ついベルトをしてしまいませんか。とくに無地の場合はアクセントがなく、ベルトをしたほうがスマートに見えると思ってしまうものです。

でもそれは果たして正しい着こなし方なのでしょうか。グレーのロングトップに細ベルト、太ベルトをつけて、どう見えるかを検証してみました。

**OK**

【ベルトなしで検証】

### フレアの広がりを生かしてストンと着こなす

フレアがたっぷり入ったテントラインは、バスト下からきれいに広がる計算されたシルエット。量感のある広がった裾のシルエットで見せる着こなし方で、ベルトやアクセサリーなどは使わないスタイル。広がった裾はボリューム感はあるが、膨張したイメージにはならずフェミニンな印象に。

## 【太ベルトで検証】 NG

### サッシュベルトで留めると
### ひと昔前のイメージに

こういう太いベルトがはやっていた時代を思い起こさせる着こなし方。スリムに見せることにプライオリティーをおくなら、ベルトなしより細く見えるかもしれないが、それによっておしゃれなイメージやシルエットの面白さがすべて失われてしまう。

## 【細ベルトで検証】 NG

### たっぷりのフレアを
### ベルトで留めた印象に

チュニックのボリューム感にくらべて、ベルトが細すぎるので、ウエストにアクセントをつけるつもりが逆におなかのふくらみを強調してしまった感じに。せっかくのテントラインが抑えられてしまって、チュニック自体の魅力も消された着こなしになった。

昭和世代の
思い込み
## 6

## 勝負服にはやっぱりシルク!?

一見シルク、実はポリエステル100％のチュニックブラウス。さらりとした風合いや品のいい色合いなど、どれをとってもシルクに勝るとも劣らない素材感。細身のテーパードパンツに合わせて、ちょっとあらたまったシーンにも通用するクラスアップした着こなしに。

ネックレス／ポートビラ

## 最新化学繊維をとり入れて賢くおしゃれに

昭和の価値観をどこかに引きずる世代は、天然繊維への信仰をなかなか捨て去ることができないでいるようです。今でもジャケットやニットはウール100％でなくては、ブラウスならシルクで、というような声が聞こえてきます。一方で、昨今のテクノロジーの発展はめざましく、ひと昔前の天然素材神話をよそに、すぐれた新顔素材がどんどん生み出されています。かつては安物の代表選手だったレーヨンやポリエステルは、その発色のよさや"丈夫で長もち"の特性に磨きをかけて、最近ではシルクそっくりのブラウスやワンピースに。取り扱いが面倒なシルクにくらべて洗濯機で洗え、アイロン不要というハンディーさで、さらに人気を加速させています。天然ものではないけれど、ここ数年人気急上昇しているのが合成皮革（合皮）の服です。本物の革そっくりの風合いを持っていますが、薄く加工できるのでドレープなどを出しやすく、ファッション性が高く、軽さが特徴です。

マチュア世代にとって今こそ天然繊維神話から解き放たれて、自由に新素材をおしゃれにとり入れるとき。高価でベーシックな服を長く着続けるという発想こそ昭和のおしゃれ感。もっと多様に新しいものに目を向け、チャレンジしていくこともおしゃれには重要です。

レーヨン100％。絹糸（人絹）と呼ばれるシルクに匹敵する光沢とドレープ感で、発色がいいのが特徴。

ポリエステル100％。速乾性や形状安定性があるので形くずれしにくく、丈夫でリーズナブル。

トリアセテート80％、ポリエステル20％。肌にまつわらない落ち感はシルクより優秀。

アクリル100％。ポリエステル、ナイロンと並んで3大合成繊維と呼ばれる。ほかにはない光沢感が圧巻。

レーヨン100％。シルクそっくりのやわらかい肌ざわりなので、おしゃれ着にも使われる。

ポリエステル100％。発色のよさを生かしたプリントアイテムをはじめ、多くの用途に使われている。

## あとがきにかえて

### 石田純子

女性の美しさのピークは、どの年代にあるのでしょうか。10代や20代の美しさには、新緑のような伸びやかさとみずみずしさが。30代や40代の美しさには、大輪の花のような華やかさと力強さがあります。スタイリストの仕事を始めた20代のころには、ファッションは若い人のもの、服はその美しい生命力により磨きをかける武器になるものと考えていました。ところが60歳を間近にひかえ、60代、70代、80代の方たちと接する機会も多くなり、ファッションが持つ力の大きさにあらためて気づくことがあります。

年を重ねれば、体型も体力も「若さ」を基準にすれば衰えている事実はいなめません。ですが美しくなりたい、もっと心地よくありたいと思う向上心はさらに強くなり、そして若い世代のようにひとくくりでは言いあらわすことができない、重ねてきた生き方が味わいとなったその人ならではの美しさが輝き始める、と思うようになりました。

服は内面に響く力を持っています。若い方へのそれとは異なり、その影響力は想像以上に大きなものです。ピンクのニットをあててみれば、華やいだ表情でとたんに5歳若くなり、鏡の前で背筋を伸ばせばさらに5歳いきいきと輝きだします。着ることの楽しみを素直に受け止め、ちょっと勇気を出して、着てみたいと思う服に手を通してみましょう。私には若すぎるわ、若い人のお店になんて行けないわ、と心のブレーキをかけず、自分本来の声に耳を傾けてどんどんチャレンジして、ほめられ上手になってほしいと思います。60代になった今からこそマチュアなおしゃれを楽しむとき。いつまでも魅力的なマインドであり続けるためのお手伝いを、スタイリストの仕事を通してお伝えできれば幸せです。

おしゃれは楽しいもの、
ほめられるもの。
素直に感じて
自信づくりのきっかけに

## 撮影協力店

アクリリック ☎03-3447-0734
アシックスジャパン お客様相談室 ☎0120-068-806
アチエ・デ・コンプレックス ビズ 表参道店 ☎0120-867-775
アビステ ☎03-3401-7124
Amazon.co.jp　www.amazon.co.jp
アルテミス by ダイアナ 東京ソラマチ店 ☎03-5610-2656
伊勢丹新宿店 ☎03-3352-1111
イトキン カスタマーサービス ☎03-3478-8088
イトキン メビウス カスタマーサービス ☎03-3478-5244
imac ☎03-3409-8271
インターモード川辺 ☎0120-077-927
efffy コレド室町 ☎03-3277-6012
お世話や　www.rakuten.co.jp/osewaya/
オフィス アール&ワイ ☎03-5489-5533
京屋 ☎088-831-0005
銀座ワシントン銀座本店（プレスルーム）☎03-5442-6162
クラークス ジャパン ☎03-4510-2009
KEI Hayama PLUS ☎03-3498-0701
ゲストリスト ☎03-6869-6670
GOHAN ☎03-6264-1840
CPR トウキョウ ☎03-6438-0178
ストックマン ☎03-3796-6851
セラッチ ジャパン ☎03-3468-3386
タカヤ商事 ☎0120-673-210
ティーワイトレーディング ☎0120-053-953
トリンプ・インターナショナル・ジャパン ☎0120-104-256
ニッセン ☎0120-202-000
ノッシュ ☎03-3408-5761
花井 ☎03-6738-4877
ピー・エックス ☎03-5784-1501
ビキジャパン ☎06-6539-9005
ヒロココシノインターナショナル ☎03-3475-5346
ファイブフォックス カスタマーサービス ☎0120-114-563
F.I.S ☎03-5614-1050
fitfit ☎0120-178-788
プティローブノアー ☎03-6662-5436
Blythe inc. ☎03-6435-4813
ヘレンカミンスキー六本木ヒルズ店 ☎03-5410-1211
ポートビラ ☎03-3406-7061
三越伊勢丹通販 I'm ☎0120-130-140
ムーンバット ☎03-3556-6810
モディファイ 日本橋三越本店 ☎03-3270-7600
モリプランニング ☎03-5628-3647
ラブリークィーン ☎0120-006-768
ルシアン お客様センター ☎06-4390-5518
ワコール お客様センター ☎0120-307-056
ワシントン エ スタジオ ららぽーと TOKYO-BAY店 ☎047-433-5071

## STAFF

装丁デザイン　大薮胤美（フレーズ）
本文デザイン　鈴木真弓（フレーズ）
撮影　神子俊昭
ヘア＆メイク　伊藤千栄子
モデル　植田師津枝　大竹五月
スタイリングアシスタント　新弥真由美
　　　　　　　　　　　　草間智子（オフィス・ドゥーエ）
編集協力　古川嘉子
編集担当　浅野信子（主婦の友社）

# 大人服おしゃれセオリー

監修　石田純子（いしだじゅんこ）
発行者　荻野善之
発行所　株式会社主婦の友社
　〒101-8911　東京都千代田区神田駿河台2-9
　電話（編集）03-5280-7537
　　　（販売）03-5280-7551
印刷所　大日本印刷株式会社

■ 乱丁本、落丁本はおとりかえします。お買い求めの書店か、主婦の友社資材刊行課（電話03-5280-7590）にご連絡ください。
■ 内容に関するお問い合わせは、主婦の友社（電話03-5280-7537）まで。
■ 主婦の友社発行の書籍・ムックのご注文は、お近くの書店か、主婦の友社コールセンター（電話0120-916-892）まで。
＊お問い合わせ受付時間　月〜金（祝日を除く）9:30〜17:30
主婦の友社ホームページ http://www.shufunotomo.co.jp/

©Junko Ishida/Shufunotomo Co., Ltd. 2015 Printed in Japan
ISBN978-4-07-412702-3

Ⓡ〈日本複製権センター委託出版物〉
本書を無断で複写複製（電子化を含む）することは、著作権法上の例外を除き、禁じられています。本書をコピーされる場合は、事前に公益社団法人日本複製権センター（JRRC）の許諾を受けてください。また本書を代行業者等の第三者に依頼してスキャンやデジタル化することは、たとえ個人や家庭内での利用であっても一切認められておりません。
JRRC〈http://www.jrrc.or.jp eメール：jrrc_info@jrrc.or.jp 電話03-3401-2382〉

そー072001